我不是天生会当妈
把孩子教好不容易

（韩）崔连淑 著
崔慧仙 白莲花 译

图书在版编目（CIP）数据

我不是天生会当妈：把孩子教好不容易 /（韩）崔连淑著；崔慧仙，白莲花译.
—— 北京：新世界出版社，2013.4
ISBN 978-7-5104-4165-3

Ⅰ.①我… Ⅱ.①崔… ②崔… ③白… Ⅲ.①儿童教育－家庭教育
Ⅳ.①G78

中国版本图书馆CIP数据核字(2013)第055473号

著作权合同登记图字：01-2012-8727

原书名：엄마는 꿀맛 선생님 ⓒ 2011 by Choi, Yeon sook.
All rights reserved.
Translation rights arranged by BOOK21 Publishing Group
through Shinwon Agency Co., Korea
Simplified Chinese Translation Copyright ⓒ 2013 by New World Press &
Beijing Catcher Time Culture & Media Co., Ltd.

我不是天生会当妈：把孩子教好不容易

作　　者：	（韩）崔连淑
译　　者：	崔慧仙　白莲花
选题策划：	麦田时光图书
责任编辑：	董晓琼
特约编辑：	张　萱
责任印制：	李一鸣　黄厚清
出版发行：	新世界出版社
社　　址：	北京西城区百万庄大街24号（100037）

发行部：（010）6899 5968　（010）6899 8733（传真）
总编室：（010）6899 5424　（010）6832 6679（传真）
http://www.nwp.cn
http://www.newworld-press.com
版权部：+8610 6899 6306
版权部电子信箱：frank@nwp.com.cn
印　刷：北京朝阳印刷厂有限责任公司
经　销：新华书店
开　本：889×1270　1/32
字　数：100千字　　印张：7.25
版　次：2013年5月第1版　2013年5月第1次印刷
书　号：ISBN 978-7-5104-4165-3
定　价：28.00元

版权所有，侵权必究
凡购本社图书，如有缺页、倒页、脱页等印装错误，可随时退换。
客服电话：（010）6899 8638

目 录

序言 学习能够变得甜蜜吗？...013

第1章 学习，应该怎么开始？

01 孩子应该几岁开始上幼儿园？...002
02 一定要很早学习阅读吗？...005
03 孩子生日"小"，提前上学也合适吗？...009
04 私立学校好吗？不是说很贵吗？...011
05 看别人家孩子上补习班，真担心我家孩子会落后...015
06 孩子学习英语时，要怎么开始入门？...018
07 孩子上双语幼儿园，会有效吗？...021
08 孩子第一次学数学，要用什么方式开始？...023
09 让孩子学钢琴好吗？...027
Tip 给老师送礼，你怎么看这个问题？...029

第2章 教育也有方法

10 想好好教育孩子，却不知道具体方法...034

11 什么是右脑学习法？...037
12 每次都想忍耐，却忍不住对孩子大喊大叫...040
13 做题时，错过的题会反复错...043
14 妈妈不在身边，孩子绝对不会在一个地方坐满5分钟
   以上...046
15 "家庭教师来访"，帮孩子按时完成作业...048
16 孩子去补习班成绩也没有明显提高，是不是要请辅导
   老师？...051
17 听说可以利用童谣教识字，能不能请教具体
   的方法？...054
   Tip 再一次请教关于"语言浴"的方法...058
18 叙述式主观题该怎么准备？...061
19 孩子的发音不标准怎么办？...064
20 有没有能够快乐背英语单词的秘诀？...067
21 让孩子把英英词典当成玩具，好吗？...071
22 有没有好方法可以提高英语词汇量和语法
   的水平？...075
23 给孩子读英文童话故事的时候，要一一说明吗？...078
24 听说演算速度慢，数学学习就会吃力，
   是这样吗？...080
25 数学学习要提前预习吗？...085
26 不请辅导老师，也不去补习班，怎样才能
   学好数学？...089

Tip 听说您没有让孩子参加过补习班，但我因为学识不
　　够，对教育孩子没有自信...091

第3章 愉快的阅读与写作练习

27 没有读书的时间...096

28 孩子已经会自己读书了，妈妈还要继续读给
　 孩子听吗？...098

29 比起读全集的书，是不是单行本更加有利呢？...102

30 有什么方法让孩子自己挑选喜欢的书？...106

31 书价太贵，在图书馆借书让孩子读可以吗？...109

32 孩子喜欢读书，但是，一旦提到写读后感就会
　 非常抵触...112

Tip 家里没多少书，经常去图书馆是不是
　　也可以啊？...115

33 学校让孩子每周只写两篇日记作为作业，是不是每天写
　 好一些？...117

34 每天让孩子写日记真不是一件简单的事情，偶尔落下一
　 篇没关系吧？...199

35 孩子听写的时候不会出错，可是写日记的时候就会写错
　 别字...121

36 孩子字体不漂亮，要不要单独指导书写？...123

37 孩子每次都说没有可写的内容...125

38 用日记对孩子进行人性教育，想知道具体

怎么做...127

39 老师已经检查日记，还写上评语，家长有必要再次

查看吗？...130

Tip 孩子过去的日记舍不得扔掉，一直保留着...132

第4章 快乐的孩子，幸福的妈妈...135

40 孩子无时无刻不在提问，一一回答太吃力...136

41 怎么教都不会，孩子好像看起来很笨，

怎么办呢？...139

42 看孩子做题就很着急，是不是教他走捷径

更好呢？...143

43 看别人家的孩子学习成绩那么好，心里急得跟热锅上的

蚂蚁似的...146

44 想让孩子好好学习，无奈小朋友们经常来访...148

45 跟孩子一起玩儿就会把家弄得乱七八糟...152

46 孩子还能跟得上学校的教学进度，是不是不用

太担心？...156

Tip 头脑也会遗传吗？...159

47 人性教育要怎么做？...162

48 想让兄妹们好好相处，但是太难了...165

49 想把孩子教育成关爱朋友的孩子...168

50 表扬和批评在什么时候、怎么做才有效呢?...171

51 孩子在别人面前会害怕,怎么办?...174

52 不如意的时候,孩子会不会失望或者受挫呢?...177

53 听说,比起书本学习,在大自然中嬉戏的教育
更重要...180

Tip 牙齿松动,孩子会感到害怕而不说话...183

第5章 创造一个有利的学习环境

54 现在的环境不适合养育孩子...186

55 看到孩子傻呆呆地看着电视就着急上火...188

56 丈夫反对早期教育...191

57 与丈夫商量关于孩子教育的问题,总是会有矛盾冲
突,该怎么办?...194

58 一边工作一边照顾孩子,能把孩子教育好吗?...197

59 把孩子放在乡下妈妈家里,这样好吗?...201

60 求教一边赡养父母一边教育孩子的好方法...205

Tip 我的孩子一晃都过了10岁了,错过的教育不能再
重来吧?...208

后记 妈妈是蜜蜂般的老师...211

序言 | 学习能够变得甜蜜吗？

自从出版了《10岁前蜂蜜般的教育》一书之后，我在进行讲座的时候，妈妈们会提出很多问题。其中，最常被问到的便是："学习真的能够变得甜蜜吗？"

事实上，对于为了升学或者入职考试而要面对紧张学习的成人来说，记忆中的学习很难是甜蜜的。即便如此，回答这个问题时，我仍会毫不犹豫地说："学习本来就是甜蜜的。"

人从出生的瞬间开始就喜欢学习。抱着孩子到外面看看，你会发现孩子左顾右盼周围新鲜的事物，眼睛都不眨一下。觉得学习枯燥无味只是大人的想法而已。妈妈们要清楚，对于小孩子，即处在把学习当做任务完成之前的年龄段的孩子来说，学习是像蜂蜜般甘甜的。

教2岁孩子动物的名称时,教3岁孩子母语时,我们一点都不会皱眉头。孩子会了、懂了,我们觉得很神奇,孩子不懂、不会,我们也觉得正常。即便这样,我们也会抱着"我的孩子会不会是天才"的心态,像做游戏一样教孩子。但是,如果说是为了准备自然考试而背动物的名称,或者为了准备升入小学的考试而识字的话,教的人绝对不会用温柔的声音进行教学的。因为,在这种情况下,学习不再是快乐的认知手段,而是必须要完成的任务了。

为了让孩子能够尝到学习的甘甜,我建议将孩子学习的时期提前一些。因为在学习成为任务以前教的话,不用太着急,孩子能尽情地边玩边学。学不会是正常,学会是机灵,所以教的人肯定会细声细语的。有人肯定会说:"将来长大了学习都会觉得很枯燥,何必过早让孩子有压力呢?"但是,如果说错过教学的时期,不论是教的人还是学的人都会觉得,"学习是又枯燥又累人的事情"。

将学习变得像蜂蜜般甜蜜的另外一个重要因素在于怎么教。用一句话概括,那就是有必要给教育抹上蜜。最充满智慧的教育便是,明明孩子在玩儿,妈妈却在那玩儿中隐藏了教育。例如,我在给孩子说童谣的时候,会常常改词,孩子不知道那是一种学习,只是热衷于记住被改动了词的童谣。

当好奇心和探究心正旺盛时，孩子开始像游戏般的学习，就不会被时间追着跑，会悠闲有余，边玩儿边学，真正成为蜂蜜般的教育。蜂蜜般的教育就是，任何一位已经做好准备用爱心近距离亲近孩子的妈妈都能够实践的最容易的教育方法。

第1章

学习,应该怎么开始?

01　孩子应该几岁开始上幼儿园？

我的妈妈在帮我照看孩子，这样我可以安心工作，不会因为育儿问题焦虑，是一个运气比较好的妈妈。所以，老大、老二都是只送了幼儿园一年而已。我认为，留心观察孩子的每一个细小动向，纠正其错误的毛病和习惯，让孩子尽情做想做的事情，给孩子足够的自由，远比让他在幼儿园过早地接触社会生活更有价值。

环顾四周，可以发现，有不少妈妈把孩子送到托儿所或者幼儿园好几年。其中，有一部分妈妈是因为要工作不得不将孩子送到托儿所或者幼儿园，但也有部分全职妈妈早早将孩子送上校车。

父母也许是因为想早早地就将孩子交给最好的专

家，出于望子成龙、盼女成凤的心态吧。但是，把还没睡醒的孩子送上校车，送到各种名目的教育机构，看到这种情况，我丝毫没有感觉到母爱的伟大，反而觉得这些妈妈太无知了，进而会心疼孩子。每当这个时候，我都会想起一个故事。

有一个为盲人读书的志愿者服务团体。志愿者中既有配音演员，也有语文教师，还有大学生，不管是谁，都用美丽而温柔的声音给盲人读书。其中，还有一位戴着老花镜的老奶奶。有人这样问过盲人：听谁读书会觉得既高兴又幸福？没想到，盲人不约而同指着"眼镜奶奶"。"为什么是这样呢？老奶奶读的时候，一个字一个字慢吞吞地，而且还有口臭呢。"

盲人们齐声答道："眼镜奶奶读书的时候会抓住我们的手啊。"

其实，孩子们渴望的不是专家柔软的动作和干练的声音，而是充满真心的妈妈的手和爱。我一直坚信，对于孩子的教育来说，最好的老师是妈妈。所以，我想劝告各位妈妈，如果可以照看孩子的话，不要太早把孩子送到幼儿园。尽管，去幼儿园孩子有可以与同龄小朋友接触并熟悉社会生活的积极一面，但也会存在几乎没有价值判断能力的幼小年龄的孩子与同龄人接触时学到其他小朋友的坏习惯的一面。我认为，孩子只有通过妈妈的教育和正确的生活习惯的引导，形成初步的价值判断能力后，再进入公共社会生活中去，才不会毫无想法地受坏习惯的影响。

而另一方面，也确实存在因为妈妈要上班，只能依靠育儿机构的情况。遇到这种情况时，妈妈要经常与孩子沟通在幼儿园发生的事情，关注孩子的想法和行为，往正确的方向引导孩子。把孩子完全交给要照顾很多孩子的老师是不对的。不要忘记，老师只能是帮助妈妈照看孩子的人，养育孩子、引导孩子的人永远只能是妈妈。

第1章 学习,应该怎么开始? 005

 一定要很早学习阅读吗?

孩子出生以后就会啼哭。孩子的哭声是第一次呼吸,这也是证明他作为一个个体诞生的信号。懂得语言表明可以解读社会中人与人之间的沟通,所以,语言学习意味着社会性诞生。我反对以快速认知阅读为目的的过分的注入式学习。但是,如果是通过游戏或者童谣,可以让孩子和妈妈都感受其中的快乐,并能够愉快地接受,那么这种方法我是积极赞成的。孩子通过这样的方式学习母语,不仅能够刺激听觉和视觉,还能够开发智力。而且通过妈妈与孩子的亲密接触,可以使母子之间形成密切的纽带关系,孩子可以在情绪上达到平稳状态。

学习阅读可以带来很多重要的可能性。到陌生地

方旅行时，我们往往只浏览我们预先了解的东西。与此同理，没有学会阅读以前漠不关心的很多东西，在学会阅读的时候会重新看待。所以，对于以前漠不关心的东西，忽然以一副好奇的样子进行提问时，即反映出孩子对新事物产生了好奇心，并想了解新事物。

女儿刚开始学阅读的时候，每次一起走路，50米的路程能走半个多小时。因为，每看到一个字她就会停下来问，我又要一一给予解答。对于小一岁的弟弟来说，姐姐是活词典。弟弟歪起头问道："姐姐，那是什么呀？"姐姐就会回答："嗯，那是药店，卖药的地方。"弟弟就会明白了似的点头说着："嗯，原来是这样啊！"

有一次，走着走着，女儿问道："妈妈，那是什么呀？"她指的是用红色字体写着的"禁烟"两个字，我便告诉她那是"不要抽烟"的意思。再走一会儿，这回看到"禁止停车"几个字，她又歪起头问我什么意思，我告诉她是"在这里不要停车的意思"，听到这里，孩子又歪起头问道："妈妈，有禁字，是不是就是不让做什么事的意思？"我惊讶地告诉婆婆这件事，婆婆开心地笑道："是啊，孩子的姑姑小时候就挺聪明的。"没说像我也就罢了，至少该说像孩子爸爸，竟然说像小姑子，我心中有些不快，但是，不管怎么说，认可女儿的聪明，我也就很感激了。

孩子识字以后，不仅可以学习新的知识，还可以提高自我评价。不管孩子的头脑中拥有多么丰富的知识，对于学龄前儿童来说，评价学习程度的时候，仍然会用识字、认字能力和数字学习作为衡量标准。3岁的孩子会阅读的话，周围的人会说这孩子真机灵，听到这样的赞美，孩子会觉得自己很了不起，便骄傲起来。对于这种心理，父母要想办法不使其陷入自满心理，并好好加以呵护，就可以培养孩子的自信心和成就感。相反，7岁了还不会阅读，就算他会很多其他方面的知识，但是因为能表现出来的较少，得不到更多的认可，便会产生自卑感。比同龄孩子早一点识字的话，孩子会增强自信心，在今后的学习中更有动力，展现出惊人的成就动机，进而逐渐成才。

偶尔会听到一些妈妈说早识字的副作用。过早识字会使孩子的注意力不在图画上，而只是在文字上，有着不太好的影响。当然，孩子刚开始识字的时候，只会关注文字，但是，没过多久他肯定会在认完字后回过头来将文字表达的意思和图画联系起来。如果孩子还是不看图片，妈妈可以将孩子的注意力引到漂亮的图片中，结合故事情节就可以了。

想实现某种教育的时候，遵循其过程，未必都会出现有利的效果。只要利大于弊,那么,这种教育就应该进行。早一点进行识字教育,利大于弊是一定的。

孩子生日"小",提前上学也合适吗?

 生日相差仅一个月的两个小孩子,发育状态也会有明显的差异。所以,一旦觉得自己的孩子不如同龄的孩子精明干练,很多父母就会苦恼要不要让孩子晚一年升入小学。我觉得,如果不是发育严重迟缓的话,没必要一定晚上一年学。

9月份出生的孩子和下一年8月末出生的孩子成为同班同学,两者几乎相差一年。所以,在开始的时候,下一年8月出生的孩子看起来会比同龄孩子落后许多。但这只是适应入学第一年的正常现象而已,时间长了,就不会存在任何问题的。相反,比同班同学小一岁容易让孩子感到自豪,小一岁还能做同样的练习题,孩子会感到骄傲吧。

8月末出生、刚满6岁即入学的女儿身材矮小，开始的时候我很是担心，但是，时间长了才发现是自己杞人忧天了。孩子不仅完全适应学校的学习生活，而且，还总被老师表扬，说女儿比同龄孩子有思想。再加上最亲密的几个朋友中有好几个的孩子是刚满6岁入学，也都是在年级中排名靠前。仅此一点，就可以推断，并不像妈妈们担心的那样，年龄和学习成绩有绝对的联系。

　　妈妈们要铭记一点，过分担心反而会对孩子产生不好的影响。妈妈因担心孩子不如同龄孩子而让他晚一年入学的话，孩子很容易产生"是不是因为我太笨了才晚入学"这样的想法，并受到心灵伤害，生怕周围的人这样看自己，焦虑之余会形成消极的性格。实际上，孩子很容易因不起眼的事情变得反应敏感，并产生苦恼。

　　如果希望孩子开朗、快乐地度过学校生活，那么，妈妈们请摈弃贪念或担心，给孩子创造一个平凡的环境吧。

私立学校好吗？不是说很贵吗？

 凡是想要好好培养子女的父母，都会为是否送孩子去私立学校而苦恼过，他们甚至觉得，与几乎不交学费的公立学校相比，每月要缴纳不菲的学费的私立学校一定会有其特别之处。

像我的情况，老大在入小学前，我们正好搬家到私立小学门口的位置。别人原以为我像孟母一样，找有私立学校的位置搬家，但事实上，我搬家后看到从校车上下车的孩子们穿的校服才知道那是一所私立小学。那时，我个人对私立学校也没有什么特别的好感，只是觉得小学就应该离家近一些。因为我在工作，不可能每天都陪孩子上学放学，所以，孩子自己能安全地往返，离家近的学校是比较好的选择，还有

就是希望是一所就算妈妈偶尔因为忙没有来得及给孩子准备物品，孩子也可以随时回家取的学校。

对私立学校没有什么特别的好感，却阴差阳错搬家到私立学校门口，这件事让我困扰很久。要对其他孩子不惜乘车都要来的这所学校视而不见，我好像有些吃亏的感觉。而且，去公立学校要走很长的一段路。想来想去，去私立学校还是有很多优点的。私立小学一年级开始供应午餐，比公立学校放学时间晚，对于像我这样的上班族妈妈来说应该更适合一些：妈妈来不及陪着做的各种活动，在私立学校可以进行；孩子穿着校服，也可以节省置装费。考虑方方面面之后，与当初设想的不送孩子去私立学校而只进行公立学校教育的计划相反，私立学校再合适不过了。想到这里，抛开强烈反对的丈夫，我将老大和老二都送到了私立学校。

虽然把两个孩子都送到了私立学校，但是，教育费并不多。因为没有进行额外的课外辅导，缴纳学校的学费是教育费用支出的全部。事实上，私立学校的学费并不是庞大的金额，只要没有额外的课外辅导，还是可以承受的。

私立学校的教育费相对较多是因为，很多妈妈配合学校进行的各种活动去报相应的补习班而增加了费用，其实这是妈妈们的一种贪念导致的吧。举例来说，私立学校的课程中夏季有游泳课，冬季有滑冰课，学校不会从基础开始细细教起。只是上了几节课后，在最后一次课上有个结业考试，很多妈妈不想让孩子在这个考试中成绩太低，就会进行个人练习，这样一来，课外教育费当然就会增加。

我的孩子属中等水平，没有进行额外报班练习，运动只当成锻炼就可以了，我没想过把孩子教育成全才。只是想增加运动量，暑假期间在游泳馆上团体课一个月，寒假在公园练习一个月的滑冰。小时候的体育活动是为了身体健康打基础，不是为了在考试中取得好成绩，这是我的想法。

我想过的节省置装费也与实际相符。学校要求孩子穿校服，就不用每天早上苦恼穿什么衣服，孩子自己也很清楚该穿的衣服是什么，这样，节省了很多时间。

从授课质量上来说，公立和私立没有太大区别。公立也好，私立也罢，在初等教育阶段所授的课程是一样的。只是私立学校根据校长的理念不同会有一些有特色的方针政策，有自主教育的倾向，看起来更吸引人的眼球，但仔细研究会发现，公立学校也会采取相应的措施。以前公立学校的学生数量多，中午也不提供午餐，与私立学校有着鲜明的对比，近年来，很多公立学校也从一年级开始提供午餐了。而且，公立学校课外活动也不需要缴纳很多费用，活动形式丰富多彩。所以,我把老三送到现在家门口的公立学校,可以利用学校图书馆,参加课外活动,没花太多钱却可以接受高质量的教育。牵着孩子的手把他送到校门口并挥手告别的短暂但很美妙的时光也随着学校距离近而变成可能。我想劝那些一心想把孩子送到私立学校的妈妈,把孩子送到家附近的公立学校,用私立学校的学费来报一些适合孩子的特长教育班,也是一个不错的选择。

　　需要注意的是,把孩子送到私立学校并非一劳永逸,孩子的教育不会是自然形成的。私立学校里大部分孩子经济条件比较好,在校外报补习班的情况很多。妈妈们的期望值较之公立学校也高。这不是说私立学校的学生就一定成绩好。不管是私立还是公立,哪儿都是学习落后生和英才并存;教师也不会因为哪个妈妈缴纳较多的学费而格外照顾她的孩子。孩子的区别不在于学校,而在于妈妈的教育观。我不能一直陪伴女儿,她自己学习,没有报任何课外辅导班,却在很多方面都很出色。

　　总的来说,小学最好选择离家近的学校。万一送到私立学校了,也不要卷入私立教育的漩涡,要有明确的教育理念。这样就可以没有教育费的负担而接受有特色而优质的教育。我既满意两个孩子上过的私立学校,也满意老三上的公立学校。

**看别人家孩子上补习班，
真担心我家孩子会落后**

在结束讲课回办公室的路上，进入外环之后的路我熟悉到闭着眼睛都能找到，但是，进入环路的路口总是容易混淆，所以，我一直开着导航仪驾车。那条路是与公公一起去市场采购走过了无数次的，但是，突然，导航仪在快到市场的时候，用亲切的语气叫我拐弯，我忍不住笑出声来："真是可笑，又不是大夏天，这个机器是不是中暑了，真是的。"我没听导航仪的，继续前进，没想到导航仪又说道："请在前方20米处拐弯。"当时如果不是着急，我一定会出于好奇按照导航仪的指示前进的，真是因为太忙，只能按照以往的路线继续前进。可是，过了一会儿，导航仪告诉我按照我走的路线继续直行。导航仪终于清醒了。

那天，我能够彻底无视导航仪亲切的声音继续前行，是因为我清楚地知道我要走的路。如果我不熟悉路线，依赖于导航仪驾车的话，我也许会迷失方向，徘徊很久。教育子女也是一样的。能看清教育的大脉络才不会被小风浪所左右。想要培养能够独立学习、有智慧又通世事的孩子，不是一定要通过私立教育机构的。也就是说，在孩子教育上不见得投资50万的妈妈就比投资5万的妈妈教育质量好10倍。对孩子来说，比起到处找寻著名高价讲师的妈妈，把他们抱在怀里柔声细语读童话书的妈妈是更好的妈妈。妈妈不要因为给孩子的教育经费不如别人家孩子多而不安，真正要注意的是，与别的妈妈相比，自己是否更温柔地读童话书，对待孩子的问题是否更耐心地解答。

我是属于比较大胆的妈妈。其他妈妈都在四处找寻补习班的时候，我跟孩子悠闲地游戏着。为了给孩子身体健康打基础，我让孩子暑假学习游泳一个月，寒假学习滑冰一个月。孩子喜欢钢琴，也只练了几次钢琴而已，与学习有关的课外补习一次都没有进行过。但是，阅读和记日记却一天都不落地坚持着。为了今后更重要的学习，要确保读书时间。我很明了孩子长大后将接受的教育的核心，所以，我毅然按照自己的想法推进，为他们将来的学习做着准备。

枝杈多的树因为枝杈夺走其养分,所以长不出大树干。如果总是盲目追随,孩子只能被培养成枝杈多的树。孩子即使才3岁,妈妈也要预计13岁的教育是怎么形成的,要勾勒教育的大脉络。方向正确了,重心就稳固了,就不会被周遭的细碎之事左右,也不会焦虑或不安,也就能轻松应对"出错的导航仪"。

孩子学习英语时,要怎么开始入门?

咱们来想想小孩子学习母语的过程吧。婴儿刚出生时最先听到的语言便是母语,孩子经常听到周围人所说的话自然而然就学会了说话,之后也会读书,最后还会写字。学习外语的时候也是一样的。学习英语,首先需要大量听。就像爱说话的妈妈养出的孩子大多早说话一样,"语言沐浴"的原则在英语学习上也不例外。

给孩子听英文童谣和童话,给孩子反复看他们可能会喜欢的英文漫画、电影,久而久之孩子们也会跟着哼哼。这样渐渐与英语熟悉之后,即便没有字幕,孩子也会觉得用英文原文听很有意思。

实际上,每天早上我起床后都会习惯性地放英语磁带。这样,孩子们梳着头发,吃着早餐,似听非听地听着英语童话；有零碎的时间时，一边做着别的事情，一边顺带着听英语。这样过了一段时间，有些单词就会无意识地从嘴里蹦出来。

毫无想法地听，最大的益处便是使英语变得不陌生了。就像从小吃着海鲜长大的孩子，大了也还是喜欢吃海鲜料理一样，长时间接触到英语的孩子也会很自然地接受英语的。妈妈讲给孩子听或者让孩子听录音、看录像都可以。润物细无声般渗透给孩子的英语，很快会成为孩子的好伙伴的。

从依赖录音和录像的时代到可以通过网络24小时随时接触到原声的网络时代，对于孩子们的英语教育来说，不能不说是一种划时代的变化。现在不仅有免费学习英语的网站，还有数不清的可以免费利用的英语童话网站。为梦想着做"妈妈牌"英语的人们准备的英语沙龙和博客总是像知心姐姐一样等待着需要帮助的人。我敢保证只要拥有对子女教育的热情，那么如今已经是"子女英语教育零经费"的时代了。

出生在网络时代的老三，从小通过网络听英文童话。听，在语言学习方式上是最先行的，所以，我就抱着让孩子亲近英语的心态，不问也不教，只是让他听就好了，除此之外，没有进行其他额外的英语学习，但是，现在老三可以连续集中听英语一个小时以上。只要能听了，那么，下一步就是开口说了。听过之后，就该读童话书了。不需要额外学习发音，通过录像和网络边看文章边听，不知不觉就会读出声来了。

教孩子英语的时候，没有必要从一开始就一一解释词汇的意思或者从语法上予以解释。孩子们天生就有着大人们无法想象的语言天赋。无需说明讲解，孩子们看着童话故事中的图画就可以尽情想象内容，并从中类推出其中的意味。思考能力渐渐提高，相应地理解速度也会加快。也就是说，不要急于以学习为目的切入，而是，能够让孩子在听、看的过程中愉快地想象就好。正如如果想要把孩子培养成爱读书的孩子，便不能从一开始就强调写读后感一样，读英语童话书的时候，也不能以语法分析讲解的方式入手。我想告诉妈妈的是，除非孩子对英语熟悉了，自发地来问不懂的，让孩子自然地与周边的英语环境接触更为值得关注。

如今，对于我们的孩子来说，英语不再是背诵语法和词汇来应付考试的工具了。英语已经成为要像母语一样一生灵活掌握的语言，所以，从小就给孩子创造母语一样的英语环境很重要。

07 孩子上双语幼儿园，会有效吗？

现在很多家长都想把孩子送进双语幼儿园。随着时代的进步，英语的重要性越发凸显，被教育热冲昏头脑的妈妈们对双语教育更是趋之若鹜。

想学好英语就要常出入使用英语的环境。以英语为教学重点的双语幼儿园，学习方法就是以"玩耍"为中心，孩子们可以很亲近、很自然地与英语接触。所以，经济上如果有能力的话，把孩子送进双语幼儿园是不错的想法。但是，取得的效果真会令人满意吗？从这一点上来说，还是不能一概而论的。

很多妈妈都说，别的内容教起来还可以，唯独英语教起来不太容易，英语还是由专家来教比较合适。但是，我的想法却是不同的。语言学习并不是从起步开始"教的"。首先要有充分的听的过程，直到熟悉为止。因为孩子们是按照听、说、读、写的顺序学习语言的。

所以，在起步阶段，只是让孩子在家听听录音，看看录像，沉浸在英语环境中，就已经很充分了。而利用互联网也很容易找到英语童话和童谣。另外还有专门教英语的电视频道，只要下决心，在家就完全可以做成"妈妈牌"英语。这样在家一边接触多样的英语环境一边说一两句，然后到能听懂简单几句话的水平，再利用外教授课的英语补习班的话，孩子学习效果也会不错，费用也可以减少很多。

没必要因为大家都去，我们家孩子也一定就要去。让孩子学好英语，有很多条路。其中，一定要有和妈妈一起在愉快的游戏中学习的方法。再补充一点，希望妈妈们铭记：不论什么学科，孩子儿时最好的老师就是妈妈。

孩子第一次学数学，要用什么方式开始？

 我在给几个高中生进行网络视频教学的时候发生了这样一件事：我给学生们出了一道英语题，并告诉学生们将正确答案悄悄地传给我。我担心，如果直接让他们说出答案的话，可能有的孩子不经过思考就会把别人的答案记下来。第一个孩子告诉我是D。哪知道过了一会儿，他重新对我说："抱歉，老师，我换成C。"然后在其他孩子陆续告诉我答案的时候，他继续思考很久，又重新告诉我："老师，抱歉，我还是按原来的选择吧。"

从摄像头看到孩子苦恼良久的表情，我又着急又为他捏把汗，不知不觉扑哧笑了出来。因为，答案既不是D，也不是C，而是A。

妈妈们关于孩子们学习数学的提问也与此雷同。

"老师，我想让孩子学习数学，不知道哪种学习材料好。是××学习材料好呢，还是×××学习材料好呢？"

干脆给出几个选项，变成客观题提问了。但是，哪种都不是答案。

开始学数学的时候，树立正确的数的概念很重要。数具体事物的"数量"时，要明确"2"表示"两个"，"3"表示"三个"。家庭教师反复告诉数量，并背诵似的记忆的方法，是不可能培养出思考力和应用力的。

我想推荐的方法是，不需请家庭教师，妈妈用幼儿专用学习材料跟孩子一起学习。把不合体的大人的衣服给孩子穿的话，孩子身体会变笨重，也会影响到生长发育。孩子就要用适合孩子的学习材料。比起白纸上印着黑色字体的数字，一张张薄薄的纸张样子的学习材料，印有丰富的色彩和五颜六色模样的，既有趣又材质厚实的幼儿专用学习材料才是适合孩子的。相比较而言，幼儿期还是有必要给孩子配多种教育内容的综合学习材料的。想要学好数学不能只是学习数学。因为养成整体思维方式比什么都重要。这和想要成为优秀的游泳选手和柔道选手，不能只是练习游泳和柔道而是要做跑步这样的基础训练来锻炼基本体能是一样的道理。

不请家庭教师，而选择用幼儿专用学习材料的最重要的理由便是，对于刚刚开始学习数学的孩子来说，最合适的老师是妈妈。"幼儿"时期的特点就是容易接受简单易懂、生动有趣的内容，很自然地在生活中学习到数字，但是，通过一周一次，每次只有十几分钟和家庭教师见面来完成这些任务是不太可能的。没有家庭教师，只有学习材料的时候，每周的学习目标会有明确的提示，还会有详细的学习时的注意事项。妈妈只要配合学习目标将每周的学习内容在日常的生活中自然渗透给孩子就可以了。孩子和妈妈一起学习很容易产生共鸣，也会有共同语言。

但是，把孩子强行摁在书桌前看幼儿读物才算是学习的想法是不对的。想要在起步阶段尝到学习数学的甜头，最重要的是在孩子幼小的心灵中种下"数学是存在于我们生活中的乐趣"这样的认识。留心观察四周就会发现数学无处不在，就在我们的生活点滴中。吃圣女果的时候可以数数，走楼梯的时候可以数数，用电视遥控器换台的时候都可以认识到数字。

为了识数一定要在生活中通过具体事物数着一二三来熟悉"量"的概念。有的家庭教师不允许孩子用手指数数，有的甚至定下时间练习快速做题。但是，我觉得，手指是神赐予我们的做加减法的工具，应该让孩子使用手指,自己的手指不够就用妈妈的手指,这样来学习才是对的。

在和妈妈做着有趣游戏的过程中,数着一二三,尝着妈妈表扬的甜头来学习数学,这不就是真正的甜蜜教育吗?

09　让孩子学钢琴好吗？

　　有研究结果显示，在入学前学习钢琴比学习心算更加有利于学习数学。弹钢琴需要使用双手，不仅能使左右脑都得到锻炼，还能在节拍中认识到分数的概念，所以，对学习数学有很大的帮助。练习弹钢琴与语言学习也有着密切联系。大脑中主管音乐和语言学习的是同一部分，因为两者都需要在听上集中，要遵循"语法和节奏"的规则，所以，有很多相似点。

　　但是，很少有妈妈为了数学学习、语言学习、开发智力而让孩子学习钢琴。让孩子学习钢琴的理由不外乎是想通过学习音乐提高修养、丰富人生。

　　我的女儿没去过什么英语、数学的补习班，但是从学龄前开始一直到初三学了近十年的钢琴。我看着女儿弹钢琴的背影,很欣慰钢琴能陪伴女儿,也许会成为她的终生伴侣。我自己深有体会,操作乐器不在于能力有多强,只要一天天进步着,在人生道路上就会成为莫大的力量。上大学的时候,我想学吉他,买了把吉他自学,慢慢地能弹出来自己喜欢的歌曲,后来还可以自弹自唱了。那时学会的弹吉他在有了孩子以后,给了我很多帮助。给孩子读儿歌的时候,弹着吉他读更能渲染气氛;家里有谁过生日还有过纪念日的时候,可以弹着吉他助兴;可以给喜欢的诗配乐朗诵;心情不好的时候还可以弹着吉他唱伤感的歌曲。对于我来说,吉他有着这样多的意义,钢琴对女儿来说,也应该差不多吧。我是怀着这样的心情幸福地看着女儿弹琴的。事实上,女儿在很累的时候或是伤心的时候,总会弹弹钢琴调解自己的心情。

我想对妈妈们说,孩子在10岁以前时间比较充裕,所以,学一种乐器比较好。如果条件允许,一周安排1~2次学习。深入学习的过程中,乐谱也肯定越来越复杂。孩子慢慢适应的这个过程也是培养忍耐力、持久力、韧劲的过程。

大部分孩子到了高年级以后,会结束由兴趣开始的乐器学习。想让孩子继续学习乐器的话,妈妈们就要从一开始就将学习间隙利用好,培养孩子好的习惯。

 给老师送礼，你怎么看这个问题？

孩子上小学低年级的时候发生了一件事。平时在一起玩儿得不错的小伙伴的妈妈来电话说："给老师送了红包，老师毫不犹豫就收下了。"这位妈妈非常不满。可想而知电话那头的妈妈会是怎样的表情，一定是眼中充满了对老师的失望并祈求我同情的目光。我虽然觉得这位妈妈的所作所为不够成熟，但是不能冷漠地对待跟我说心里话的人，我尽可能地不让她感到尴尬，委婉地说出了我的想法："老师并没有向您伸手要红包啊，是您自愿给的，不能因为老师收了红包你就抱怨，这样好像不太合适。也许老师考虑到家长的心情无可奈何之下才收的……您还不如用心选一件老师会喜欢的礼物呢。那样的话，彼此之间的关爱之情会更强烈一些。"

和公婆同住就会发现相处不是那么容易的事，做得好那是应该的，稍微有些失误或者疏忽就会遭到责备。教学生的老师情况也类似。对待默默坚守在岗位上教书的老师，舆论会认为这是上苍赋予的崇高使命，理应如此，不会觉得有什么了不起；相反，媒体上报道老师的错误言行时，矛头就指向全体老师。

　　家长把孩子交给了学校的老师，因此对老师怀有感谢之心是理所当然的事情，把这种心情表现出来也不见得是坏事。关键在于表现的方式和时机，还有送礼物的家长的心态，家长要表达的是发自内心的感谢之情还是想让老师多关照自己家孩子的贿赂之意。

　　孩子的性格不是很好，学习成绩也落后时，家长找到老师请求关照的同时送礼物的话，从那天起老师就会有非常大的压力。即便对于家长来说是毫无意图的举动，但对于老师来说也是有损尊严的一件事。

　　我家老大在小学入学初期，媒体上正大肆报道家长给老师送红包的事件，我自有我的一套应对方案。首先，在学期间绝不用物质性东西来表达感谢之情，因为，入学之初，对老师没有足够了解的状况之下送东西，这时礼物会变成具有代价性的物品，很容易使人陷入痛苦之中。

　　教师节的时候，我和孩子一起折纸做花篮送给老师表达感谢之情。在这个过程中，孩子读懂了妈妈尊重老师、感恩老师的心意，也像妈妈一样尊重老师、听从老师的教导。

我会在一个学年快结束的时候，准备简单的礼物，再写一封信，一起送给老师，来表达对老师的感谢之情。幸运的是，孩子在上学期间遇到的都是非常好的老师，我们对老师也常怀感恩之心，在每学年快结束的时候，总会通过各种形式表达。把诗集或者散文集精心包装赠送，没有选到合适的书籍的时候，就会购买一张可以买两三本书的购书券，和感谢信一起送给老师，收到礼物的老师都非常高兴。

礼物不是一定要送的，但是，感谢信很重要。对于用心教育学生的老师来说，在学年末收到来自家长的感谢信，这比获得任何一种奖项都令人高兴和自豪。那种喜悦是无法用语言形容的。就像我自己过生日的时候，能收到孩子们写的祝福信比收到任何礼物都珍贵一样，大部分的老师也会更珍惜充满诚意的感谢信，这一点，我确信。

如果真的是发自内心感谢老师的话，不应该只送个红包，却对孩子漠不关心；而应该帮助老师督促孩子准备好学习用品，指导孩子预习、复习，教育孩子尊重老师、感恩老师，这样做才是正确的。

在日常生活中，我们常常想感谢有恩于自己的人。我认为不应把老师从这些对象中排除。只不过，老师不是只教一个孩子，所以有时有必要多考虑一些。最好是送能够表达心意的礼物，让送礼物的人和收礼物的人都愉快。

第 2 章
教育也有方法

10 想好好教育孩子，却不知道具体方法

在课堂上见到妈妈们的时候，每一位妈妈的眼中都放着光。眼神中带着一种期待，想听听专家是怎么介绍好好教育孩子的方法的。在讲课过程中，我经常这样说："在座的每一位妈妈都是不需要来听课的，真正需要来听课的妈妈总是找各种不能来听课的理由，还有一些妈妈特别有主见，期待更高端的专家讲解。"

有句话讲："需要是发明之母。"拥有想好好教育孩子的强烈欲望，已经掌握了一半方法，不需要担心不懂教育孩子的方法，因为方法很简单。任何妈妈都不是事先练习好怎样当妈妈以后才当母亲的，只要像前辈妈妈们学习，留心一些对自己孩子有益的教育方法，记下来以后实践。读读育儿书，听听讲座，

最大限度地避免走弯路，摸着石头过河，努力教育孩子。

当然，每个孩子都有个体差异，所处环境也不同，要找到适合自己孩子的方法是应该的。最需要警惕的是诸如"孩子自己就会长大"，"再大一点需要的时候再说"这类的想法。教育如身体，做得不当就会显现出病症，要想恢复的话需要很多时间和努力。常怀谦虚的态度向养育过孩子的妈妈虚心请教，抱有不断求知的心态才是正确教育孩子的首要方法。

还有一种重要的方法是，和孩子保持亲密的关系。每一个做了母亲的女性都会抱有好好养育孩子的愿望。我思索了很久，怎样才能把孩子教育成既懂事又聪明的孩子。突然，我想到了我的妈妈。仔细想想，好像我妈妈是全世界最轻松又最明智的妈妈。

妈妈并没有在我耳边唠唠叨叨让我学习，但是，我总会自觉去做该做的事情。我到外地上大学，妈妈从来没对我说过"别玩太晚，别饿肚子，早点儿回去"这类的话，我都能很自律，我自己做饭吃，一顿也没饿着，也没有夜不归宿。这一切都归功于，我太喜欢妈妈了。因为喜欢妈妈，我就会常常想妈妈希望我怎么做，为了让妈妈高兴，所做的事情都会让妈妈放心。我之所以这么做，是因为我深深知道，妈妈喜欢努力学习，乖乖听老师话，规规矩矩的孩子。

总结出子女教育的方法，我豁然开朗。我一定要让孩子喜欢我而且不做让我失望的事。我觉得孩子只要喜欢妈妈，妈妈不需要一一唠叨，孩子也因为信任妈妈，而按照我指导的方式去生活。

与此同时，我也问自己："我为什么会喜欢妈妈？"马上我就能得出答案。是因为妈妈给了我无私而不变的关爱。在并不十分好的家庭经济条件下，妈妈尽最大努力，给了我无限的爱。就算是按现今的标准去看我的妈妈，她也是最美丽、最温柔、最善良的女人，是我学习的榜样。

妈妈自力更生、努力生活，孩子看到妈妈的样子，发自内心地喜欢妈妈，因此，不想违背妈妈的意愿做事，要成为努力的孩子。这就是我领悟出的轻松教育孩子的方法。

⑪ 什么是右脑学习法?

孩子小的时候经常玩儿一种用生词造句的游戏。我从孩子们看的学习材料中把苹果、小狗、雨伞等图案剪下来贴到写字簿上,然后,让他们边看图案边造句子。孩子们一开始还磕磕巴巴,很快就熟练起来,还说出很多好句子。

"我想要吃好吃的'苹果',和妈妈一起去市场,因为下雨,所以带着'雨伞','小狗'也紧紧跟着我们。"

开始的时候让孩子用"苹果"、"雨伞"、"小狗"这些简单的词汇造句,等熟练了以后慢慢增加词汇量,孩子像"小博士"一样,对答如流。

从这里我得到启发,也用在了英语学习上。我对孩子们说，要给他们讲妈妈创作的英文童话故事，孩子们马上竖起耳朵听。

"有一天，有一只ant在路上走着，这时一条wolf出现了，想要吃掉ant。ant赶快逃走，到一户人家，边敲door边喊救命。那是一位teacher的家，teacher开门后，大声呵斥了wolf。"

孩子们很好奇英文词汇的意思，我告诉了他们，当时，孩子们就把所有词汇都记住了。第二天，孩子们又让我讲蚂蚁的故事，我又接着前一天的故事给孩子们讲。神奇的是，孩子们把故事中出现的英文单词当时就记下来了。通过一则有意思的故事，rain，teacher，school，mountain，rainbow等词汇"嗖嗖"地进入孩子的英语词汇库中。我继续用这种方法给孩子们讲童话故事。

记得有本教育书籍中说，左脑善于记忆词汇，右脑善于创造图案和画面。因此，把词汇按照图画联想记忆是将左脑和右脑均衡发展的非常好的记忆方法。在孩子大了以后，我才从书中看到这个理论，觉得自己虽然没有掌握理论知识，但是按照科学理论实践了，感到很自豪。

我没有想过要在孩子小的时候，用几个英语单词编荒唐故事来促进孩子们的英语学习，只是觉得，孩子们爱听我编的故事，他们充满求知欲的眼神太可爱了。我不想让孩子们失望，努力编故事，并且很享受这个过程。这样做，我和孩子们不仅乐在其中，孩子们还学到了英语单词，真是一举两得。

12 每次都想忍耐，却忍不住对孩子大喊大叫

我的孩子不太喜欢和爸爸一起学习。在我做饭的时候，我要是让老公帮忙辅导一下孩子的学习，老公就会先找出长长的尺子，一味强调要严格要求孩子们，才能带着紧张感学习。再加上他性急，根本不给孩子们留有余地，嫌孩子们反应慢，不是大呼小叫就是敲打孩子们的头。老公有着这种落伍的教育观念，我懒得与他争吵，只能忙里偷闲辅导孩子们的功课。但是我觉得，像我老公这样的情况不是只有我家才有的，有不少妈妈也会在孩子听不懂或者反应慢的时候着急，不知不觉提高嗓门儿说话。

有一位学龄前孩子的妈妈打来电话咨询："我的孩子怎么教也不会10以上的加减法。怎么办啊？我和

老公都不那么笨，为什么孩子这样？真是搞不懂！"

我去见了见这个孩子和妈妈。我能从她的语气中体会出，她有多着急，对孩子批评的声音就有多高。我觉得孩子可怜，用最温柔的声音对孩子说道："每个数字都有自己的家，从1这个数字的家走过10这个数字的家，就会成为10的邻居。"我一边说一边画出简单的示意图，尽可能用最容易理解的话来讲解。讲完我没有马上提问。在孩子表现出彻底明白的表情之前，我变换各种例子，画了很多画，一遍遍地说明。过了一会儿，孩子的表情开始明朗起来，这时，我给他出了一道简单的题，让他告诉我答案，孩子很自信地回答出来了。我大加赞扬他是个聪明的孩子，他对我出的题目全都回答正确。

对待不善于心算的孩子，不能从开始就苛求他说出准确答案。妈妈给孩子画画图，要有耐心等到孩子完全理解，不要急于求成。看到孩子恢复自信心后的样子，这位妈妈高兴之余表示歉意。她反省道："在这之前，我从来没有想过用简单易懂的方式教孩子，而是在孩子表示不会时恶语中伤孩子。"

妈妈是孩子的第一任老师又是其人生的导师。孩子从妈妈那里得不到鼓励的话，又能从谁那里得到勇气和自信呢？孩子不懂的时候，妈妈要找找有没有更容易的方法。要比孩子想得宽、想得远，不要让孩子受到伤害，要耐心对待孩子，直到孩子弄懂为止。

事实上，我在教育自己孩子的时候，也因为孩子的行为举止不满意而批评过孩子，但是，从来没有因为孩子听不懂而生气过。偶尔孩子表示没听懂的时候，我就会想起大学时代，在"教师论"这门课上学的内容。

在教师需要具备的素养中有一条是"nondiscouraging personality（不让别人失去勇气的品格）"。第一次听到这种说法的时候，我激动万分。在我成长过程中给过我很多帮助的人中，仅次于妈妈的便是老师。在我遇到挫折的时候鼓励我、给我勇气的是老师，我在老师的关爱中也暗下决心，我如果成为老师的话，也一定要成为不伤害孩子、鼓励学生的好老师。不知道是不是和这个决心有关系，我从没因为孩子听不懂、反应慢而发火生气，反而担心孩子遇到挫折而气馁。

每个孩子都有可能长成参天大树，在孩子需要学习、需要认知的时期尽情让他表达自己的想法，错了就改正，鼓励多思考，不要因为孩子回答错误而批评，否则孩子有可能因怕被批评而退缩，也就会导致其失去创意性。孩子错了也没关系，妈妈要注意倾听孩子的想法，对孩子理解错误的部分加以引导，这样做才不会让孩子失去前进的动力。

13　做题时，错过的题会反复错

停车后忘了关车灯，灯开了一夜，第二天一早，带上女儿准备开车，因"电池耗尽"无法发动车辆。我慌忙给保险公司打紧急求助电话，这才得以解决。

以前也发生过这样的事，那时，保险公司的职员告诉我，40分钟以内车子千万不能熄火，我照做了。可是，这次的职员却什么也没说就走了，我还以为他忘了说，也没觉得怎么样。

开着车走了大约10分钟，保险公司的职员打来电话，说："刚才忘了提醒您注意，40分钟以内车子千万不能熄火。"职员的话音还未落，我就像淘气的小学生一样，高高兴兴地回答："放心吧，我知道这些。"见此情景，女儿在一旁忍不住嘲笑道："只是回答'是'就可以了,像孩子一样说什么'我知道这些',像什么话呀?"

这样边说边开,不到5分钟就到了书店停车场,我特别仔细看了看车的前后停好没有,还把钥匙收好,才走进书店。很久没到书店了,我和女儿翻翻这翻翻那,大约过了40多分钟,挑了几本书,到停车场,把车钥匙刚一插进去,车又一次被我搞到"电池耗尽"了。那时,我才惊呼:"40分钟!"

我羞愧得脸都发烫:在女儿面前暴露出我是个大糊涂蛋。没办法,只能拜托刚才的工作人员再来一次。从那天起,那件事就成为了我的一个深刻教训。停车时一再确认,我完全成了"熄火了也要再三确认"的神经质。

在教孩子的过程中,你会发现,孩子做错的题会反复错。那是因为错误的思维方式在大脑中已经形成固定模式了。就像我在停车时,连想都不想就熄火一样。

不想再犯同样的错误,最好的方法便是"反复学习"。我觉得,经过反复记忆将新知识储藏在记忆仓库中,是最佳方法。像准备一个错题集也是一个不错的方法。我家孩子小的时候,我会把他们做错的题写在纸条上,贴在餐桌旁,平时,来来回回看见的时候,就会随口考一下。这样做也就是想把孩子大脑中的错误记忆反复清除掉。一连几天，早晚吃饭的时候，都这样做，孩子大脑中的错误就像完全被新的知识覆盖住了一样。将大脑中顽固的错误观念赶走，请进正确的解题方法。

反复这样做吧，一定会有收获的。

妈妈不在身边,孩子绝对不会在一个地方坐满5分钟以上

不能长时间固定坐在一个地方的孩子,在做喜欢的游戏时,会坚持50分钟以上一动不动。孩子不能在一个地方固定住,是因为他不喜欢做那件事。

事实上,喜欢学习本身的孩子很少。孩子学习成绩好的话,随之而来的高兴事儿就会很多,所以,他才喜欢学习的。成绩好的话,就会被表扬,就会被高人一等的自我满足感包围。还有一些孩子是因为成绩好的话,家长就会高兴,就会给他做好吃的,所以,也就会努力学习。

如果孩子对学习不感兴趣,家长要找找原因。

首先来看看孩子的自身情况。学习内容对于孩子来说太难或者太容易,都不能让孩子感兴趣。要随时查看孩子所学所做的是不是适合孩子水准的，要给孩子准备能有成就感的问题集。另外，为了培养孩子的专注力，要适当增加和补充问题。

要避免从一开始就定下时间，一味要求孩子学习。开始的时候，要定下比较短的时间，较少的题量，像做游戏一样给孩子留作业。比如说，让孩子每做完5道题就对妈妈喊"help me"。孩子做完题的时候向妈妈叫喊的一瞬间是很高兴的，为了这瞬间的喜悦，他会埋头做题。长期坚持下来，孩子会逐渐增加在桌前久坐的时间。

绝对不要期待从5分钟一下变成50分钟，妈妈耐心一点，10分、15分地逐渐增加时间，不久就会发现很想对孩子说"别太认真了，要劳逸结合啊"。直到迎接这样幸福的瞬间为止，要不断给孩子买好吃的，视情况适当给予奖励，多鼓励多表扬是最好的方法。

学习也是一种习惯。视学习为枯燥无味的孩子，一旦在学习中体会到成就感和乐趣的话，他的持久力会迅速提升。

15 "家庭教师来访"，帮孩子按时完成作业

　　上班族的妈妈看到孩子就会愧疚，觉得对不起孩子。妈妈的工作如果和教育有关的话，理论上好像会对孩子有好处，但是事实上并非如此。要是妈妈在补习班上班，意味着工作时间都是在孩子放学以后，对自己的孩子来说可不是什么好事儿。我的两个孩子就有这样的遭遇。我在补习班讲课的时候，做家教的时候，给机构或公司做教育顾问的时候，我最忙的时间对孩子来说却是最自由的时间。

　　那时，我非常希望为孩子挤出哪怕是几分钟的时间也好。我想到的办法是，就像在补习班我要在特定的时间内与我的学生见面一样，我的孩子也在我们约定的时间内与妈妈见面，然后，我们彼此遵守这个时

间。和大女儿每晚7点通电话说5个英语句子，每周四折纸、唱童谣都是我和孩子约好要做的。

和小儿子做的是"妈妈是蜜蜂般的老师"的游戏。在约好的时间里，妈妈扮演"蜜蜂般的老师"来给孩子上课。小儿子在完成"蜜蜂般的老师"事先留的数学作业和英语作业后，乖乖地等待"老师"到来，门铃一响，就会出来和我打招呼。并不是为了很长时间的上课，而只是检查前一天的作业，再布置一下作业而已。最重要的是，只要孩子的作业完成得好，我就会拼命表扬孩子。

有时候，孩子和我在家玩着玩着到了约定的时间，孩子就会换上衣服背好包到门外按门铃。有时候，我在外面工作，到了约定时间我也会特意跑回家一趟。也有时候，忙得连电话都没时间打。尽管如此，在约会期间，孩子还是很恭敬地叫我老师，并且很认真对待"老师"布置的每一件事。在那个过程中，我觉得我并不是在上课，而是在和孩子一起玩儿有趣的游戏，我们都很高兴。

看到这样的我，丈夫往往会不屑一顾，并且会挖苦地说，我把全家人当成游乐场的玩具。有一次，我从办公室赶回家里去和孩子约会，结束以后，我给丈夫打电话："是××爸爸吗？我是蜜蜂般的老师啊，您的孩子非常诚实，作业完成得非常好。我刚刚给他上完课，您得给我涨工资啦。一周10分钟的家庭教师需要支付3500韩元，像我每天都超过10分钟，而且，我的课时费偏高一些，应该付我100万啊。"

丈夫听到后，像一位演技高手一样说："啊，钱不是问题，孩子妈妈赚钱很多，我会跟孩子妈妈要钱，您要多少就给您多少。您千万别担心钱，一定要多关照我的女儿啊。"

收入有正面收入和隐性收入，不能说在外工作挣钱才是收入，妈妈和孩子一起唱歌、画画儿，陪着孩子做英语、数学题，不到外面报补习班，这些都是隐性收入。想多赚这样的钱，多陪孩子就行了。再说了，孩子和世界上最亲的妈妈一起度过的时间怎么能单纯地和金钱相比较呢？世界上的所有妈妈都多和自己的孩子一起度过美好时光，成为既赚取隐性收入又能照顾到孩子教育的蜜蜂般的老师吧。

16 孩子去补习班成绩也没有明显提高，是不是要请辅导老师？

10岁以前能养成较好的学习习惯的孩子没有必要去补习班。就像有本书的名字叫《想要取得好成绩就先退掉补习班》一样，谁要是问我取得好成绩的秘诀，我首先告诉他的一定是不要再上补习班。

学习的"学"是获得知识的意思，"习"是反复练习达到熟练的意思。如果只是获得知识，没有反复练习的过程，就不能形成真正的学习。也就是说，如果是为了补充不足的学科或者是提高单科成绩，有针对性地去补习班，那么就不会有问题。但是，如果是全部科目的课后补习班，那就相当于白天在学校上课，晚上再换另一所学校——补习班学习。在学校学完再到补习班，做完学校作业还要做补习班的作业，没有一点自由的时间。甚至会出现在学校做补习班的作业、在补习班做学校作业的可笑现象，自然不可能有反复练习的过程。

有的家长看到孩子在补习班学了一段时间在成绩上也没有起色时，会觉得有必要加强辅导力度，再请家庭教师进行一对一的学习辅导。

成绩在中上层、在学习上很自觉的孩子，去补习班会有一定效果。因为补习班是同龄人聚集在一起补充学习的地方，适当的竞争心理刺激会产生正面效果。

但是，如果孩子的成绩属班上末尾，则应该果断放弃补习班的学习。学习成绩糟糕的小学高年级学生和初中生想要通过全科补习班提高总体成绩是一件非常愚蠢的事情。

虽然每个补习班有教学方式上的差异，但是，每个补习班都至少是10人以上的孩子一起听课，不可能因为一个孩子没有理解到位，就反复讲解。孩子们也不会深入思考某个问题的答案为什么是A，而是只记住试题中出现这个问题，就要选择那个答案。

仔细观察升入小学高年级后学习成绩落后的孩子的学习方式，80%以上的孩子缺乏阅读量。这样的孩子应该停止送到补习班，集中精力让孩子阅读相应的书籍，用来往于补习班的时间和体力学习能够打下坚实基础的学校教材上的内容。视情况而定，不要求全，而且要首先集中学习英语和数学。

即使再出色的老师教学，要是没有学生自己反复练习的过程，也不能形成真正的学习。家长要时刻铭记这一点，给孩子充分消化所学知识、反复练习的时间。

17 听说可以利用童谣教识字，能不能请教具体的方法？

想要让孩子学习母语，先教认实物的名称比直接认字更好。我把图画贴在墙上，给孩子反复说图画上的名字。反复几次之后，觉得孩子应该记住的时候，我就会向孩子提问。

但是，提问的时候，不能上来就问："这是什么？"在幼儿教育中最重要的一点便是"不能给孩子挫败感"。从开始的时候就追问孩子，孩子有可能答不上来，所以，要尽量让孩子感到简单和容易接近。

基于这种考虑，我从童谣入手。我唱出"大象啊大象，你在哪儿啊"，让孩子用"这里"来回答我。在熟悉了用唱歌的方式问答以后，我再问他"这是什么呢"，孩子就会毫不犹豫地告诉我"是苹果呀"。

在熟悉事物以后，我再引导孩子看图片下面的文字。边看图画上的文字边唱歌，然后，把牛皮纸板裁成5厘米长的正方形，写上字，让孩子从图画上找一模一样的字。孩子留心观察妈妈手中的卡片，考虑了一会儿后，从图画上找出一模一样的字来。在这之后，我把自编文字游戏歌换成其他字继续唱歌，然后还是让孩子找卡片上的字。

读完卡片的字以后，就找来童话书，让孩子在书中找认识的字读。孩子能认识的字就让孩子自己读出来。孩子在书中看到自己能认识的字以后，就非常有成就感，一脸的自信。我为了增加童话故事的趣味性，翻开书又唱起歌来了。

在一旁看着我们的丈夫忍不住发话了："把书拿来，我给你读。小孩子从小就要学唱歌。"一边说一边看着童话书唱，就这样，我哼着曲子，丈夫唱着歌，孩子在不知不觉中学会了读书，那时，孩子才23个月。

小小年纪能够识字，真让我觉得很神奇。我偶然间在基本教育书籍中发现这样的观点："童谣可以促进儿童的记忆力，刺激大脑，使孩子成为活泼、阳光的好孩子。"这给了我莫大的确信，使我信心百倍，并计划着利用童谣进行一场有体系的教育。这是我在女儿3岁那年的元月一号下的决心。

首先，我计划每天教一首歌曲。前一天选好曲目，从一大早开始就唱当天的主题曲。做饭的时候，刷碗的时候，像出了问题的录音机一样，不停地哼着。我唱出来的歌毫无保留地进入正在做游戏的孩子的耳朵，到了下午，就会从孩子口中唱出来。

想要给小孩子教某个内容的话，唱出来就可以了。学一句，唱一句的学习方式，会让孩子感觉无比枯燥，但是，妈妈首先欢快地唱起歌来，孩子自然会跟着愉快地学唱。白天，妈妈和孩子一起学会唱的歌，孩子在爸爸下班前已经准确无误地唱出来了。每天都是一成不变的工作内容，丈夫早就腻烦了。而听到孩子每天唱出不同的歌谣，就像为生活加入了活力素一样，他变得高兴起来。唱童谣本身就是一件让人开心的事情。

在学唱童谣时，教孩子"您"是"你"的尊称。我告诉孩子，爷爷、奶奶、爸爸、妈妈是长辈所以要用"您"，孩子和兄弟姐妹要用"你"。孩子竟然能自己在唱歌的时候，用"你"、"您"两个词语交替着唱出来。"嗯，那么姑姑该说成你还是您呢？""姑姑是大人，当然用您啦。"孩子不屑于回答我这种简单的问题，耸了耸肩。真是有成就感啊。

先是改童谣的歌词，后来发展成想要教孩子自己创作的童谣，结合要教的内容，在童谣中悄悄地加入很多小知识，效果很好。但是，一定要注意不要因为贪心将目的外露，否则反而会有副作用，一定要注意避免。

想要教孩子四季方面的知识的时候，我会很随意地自己唱出"春天过去，夏天来，夏天过去，秋天来，秋天过去，冬天来。一年有四季。"非常幼稚，但又不是要投稿，所以无伤大雅。我也会这样抒情："春天来了暖暖的，夏天来了热热的，秋天到了好凉快，冬天来了冷飕飕。"

我可以肯定地说，童谣是幼儿教育的最伟大的工具。孩子能在23个月的时候识字是童谣的功劳，我带两个孩子一点没感觉累也是童谣的力量。有研究表明，人在听音乐时会产生一种叫血清素的物质，这种物质会让人产生愉悦的情感。我没有为教孩子识字而跟孩子较劲，也没有请家庭教师，只是高兴地唱歌，便是全部。

Tip 再一次请教关于"语言浴"的方法

我在婆家是大儿媳,结婚后就与公婆住在一起。蜜月旅行结束后,回到户籍所在地登记结婚,婆婆把我叫到跟前这样说道:"孩子啊,这回你可成为我们家的一员啦。两个在不同家庭长大的人结合在一起组建家庭不是一件容易的事。我儿子本性很温和,但是,偶尔会有耍浑的时候。每当这时,你一定要忍耐。一旦我儿子耍性子的时候,不要一起吵,到厨房喝杯凉水,把气一起咽到肚子里,那样就可以平安无事了。"

婆婆边说边拉住我的手。我想起谈恋爱的时候,丈夫确实偶尔会表现出冷漠和古怪,但是,当婆婆这么推心置腹对我说起时,我却隐约有些担心。同时,我也觉得对待终生相守伴侣的缺点的时候,帮助他改正才是正确的。我决定通过诗歌净化他的心灵。

第二天,我在一张纸上写了一首诗贴到墙上,然后对丈夫说:"每周一给你写一首诗,周六的时候,我检查你背诵。"和预想的一样,丈夫当即就拒绝了我。但是,我没有屈服,告诉他:"你只管把耳朵打开,我给你读。"我这样说,也这样做了,每晚在疲倦的丈夫耳边反复读那首诗。

就这样不知道过了多少天,丈夫跟同事聚餐宿醉后回家对我说:"金部长今天有烦心事,请同事们一起喝个酒。可是,谁想到啊,一饮而尽后,从我的口中居然蹦出这样的话:'部长,您想开点,人生是不孤单的,像是旧杂志的封面一样通俗易懂,何必自寻烦恼呢?就顺其自然,随遇而安吧。'这时,听到的人啊都纷纷说道:'哎,还真没看出赵代理是那么富有文学情感的青年呢。各位!从现在开始我们推举赵代理为文学部长,为我们干涸的灵魂提供泉水般的诗歌吧!'老婆你整天在我耳边读诗,耳朵都听出茧子来了,我也不知道怎么冒出那样的话了。我给你钱,明天就到书店买销售量最多的诗集给我讲讲。"

看到他那无比尴尬的表情,我忍不住笑了出来。那周正好是给丈夫读朴仁焕的诗《木马和淑女》,丈夫可能借着酒劲儿说出一句诗,正因为那句诗,他顺理成章成了文学青年。

丈夫遭遇到这样莫名其妙的事，我拍着手哈哈笑了起来，同时，我也总结出一点经验：就算不太了解，也不是很喜欢，但是，每天反复听的话，自然而然会在脑子里留下印象，不经意的时候就会表现出来。后来，我给丈夫读了很多诗，丈夫也开始背起来。给丈夫读诗歌这件事，对子女教育的方式提供了很重要的线索。这也叫做"语言浴"。就像淋浴喷头中出来的水一样，不停地洒出"语言雨"的话，孩子的大脑中就会潜移默化地收藏语言，日后在需要的时候会很自然地说出来。

我通过丈夫悟出了这个道理时，正好怀了老大，孩子出生后我立即实践了这个理论。我不断地给孩子讲故事唱歌。有句话说："唠叨妈妈带出来的孩子说话早又聪明。"沐浴在"语言浴"中的孩子说话早，而说话早接受各种知识也快。

18　叙述式主观题该怎么准备？

现今的教育对写作和会话方面越来越重视。考试题型中也逐渐减少了简答题类题目，取而代之的是主观叙述类题目。如今的时代是需要能够应对突发情况的能力的时代。

我一直希望我的孩子成长为在任何人面前都能清楚表达自己意思的具有表现力的人。为了培养他们这方面的能力，我选择的方法是平时让孩子们在家里把童谣和儿歌有感情地朗诵出来。

但是，这些是事先准备好的内容，不能培养应对突发情况的能力。我想到了一个有趣的方法。假设出几个场景，把每个场景写在纸条上。"不爱学习只玩游戏的儿子和他的妈妈""不帮忙做家务每天只看电视的丈夫和唠叨妻子""不写作业的学生和老师""无法忍受邻居家传来的噪音的人"等场景都写在纸条上，然后抽签，抽中哪个就表演哪个。我跟孩子们讲，根据表演的程度打分，80分以上的时候就买冰淇淋作为奖励。老大、老二便扯着嗓子努力表演。

有人说，看到孩子的画就能看出家里情况如何。比如说，把妈妈的脸画得大大的在画纸中间，爸爸画在画纸边缘，那这个家庭一定是妈妈比爸爸强势。孩子的即兴表演也如此。我的孩子们在表演的时候用的台词都是平时我和丈夫常说的话，让人看着就忍不住笑出声来。

比较有意思的是，在孩子们的表演中，有些与现实相反，全都是孩子们所盼望的。在表演中，妈妈不批评沉迷于游戏中的孩子，孩子把妈妈的台词说成"在学校获奖了，吃完晚饭就一直玩儿到睡觉吧"；老师对待不完成作业的学生一点都不生气，孩子把老师的台词说成"可能最近太累了，不过，还是要努力啊"。看着孩子们的表演，我有时候故意挑出点小毛病，"在表演时笑了两次，扣两分，得分是78分"，然后，我就可以多看几遍有意思的部分。看够了，我就把分数提到90分，最后，还会买冰淇淋作为奖励。

孩子们的台词描绘出我的自画像，也表现出对我的期盼。做这种游戏的初衷是培养孩子们的表现力，但是，居然起到看到孩子们心灵写照的作用。通过这种形式，我学会了怎样宽容地对待孩子们的问题，同时，孩子们也提高了即兴编剧和表演的能力。

孩子的发音不标准怎么办？

 正像前一章节所说，如今的时代不再是重复书本内容消极学习的时代，而是强调能够充分表达自己见解的创意性学习方法的时代。体现说的能力的"口述"和体现书面表达能力的"写作"，成为了进入名牌大学的要素。但是，能够充分表达自己见解并不只是为了升入大学，这是作为社会一分子生存的基本素质。

能够较好地表达自己的见解需要"逻辑缜密的思考能力"和"正确的发音"。如果发音不正确，那么，讲话的时候就会缺乏自信心，没有自信心当然就畏惧表达，自然而然容易导致性格消极。我经常能遇到担心自己孩子发音不正确的妈妈们。少数的情况是生理性身体结构中发音器官的问题导致的，但是，多

数的时候是成长过程中可以纠正的。妈妈如果有"时间长了就会慢慢变好"的想法肯定是不对的,要反复训练纠正孩子的发音直到正常。

孩子们小的时候玩儿的游戏中有一种也挺有意思的,在儿歌的每个字音都加上尾音来唱。选一首孩子会唱的童谣,在每个字音上都加上尾音后唱出来。第一首是"邮递员叔叔"。在童谣的每个字音上都加上"——r"来唱。"叔r叔r叔r叔r邮r递r员r叔r叔r,叔r叔r背r着r一r个r大r书r包r是r去r哪r儿r呢r?"孩子觉得太有意思了,笑弯了腰,不停地跟着唱。紧接着,我提议加"——ong"的音来唱。孩子撅起小嘴唱的样子实在是太可爱了。"叔ong叔ong叔ong叔ong邮ong递ong员ong叔ong叔ong,叔ong叔ong背ong着ong一ong个ong大ong书ong包ong是ong去ong哪ong儿ong呢ong?"我把其他尾音也挨个加上以后让孩子唱出来,孩子在这样的过程中逐渐体会尾音的读法。

这种方法可以让孩子在学习辅音的时候掌握不同发音口型和声音的变化,同时,又让嘴、舌、齿等发音器官得到充分的练习,能够使发音变得更加准确和悦耳,可以说是一种非常不错的练习发音的方法。多亏了这种方法,孩子在日后的朗诵或者发表自己见解时都能够准确而清晰地发音。

但是，妈妈与其让孩子练习发音，不如让孩子多听准确而清晰的发音。这不是说不分优劣，一味要求孩子跟着发音学，这样并不是好方法。要用和蔼的表情潜移默化地给孩子听正确的发音，并适时引导孩子。妈妈要尽量准确发音，给孩子读书，多说多唱，在这样的过程中不仅能教会孩子正确发音，更能使育儿像蜂蜜一般甘甜。

Q20 有没有能够快乐背英语单词的秘诀？

与想要学好数学首先就要和数字交朋友一样，想要精通英语，就不能惧怕英语，且要熟悉26个字母和很多英语单词。最开始教数学的时候，我把数字比喻成娃娃。"9"叫"久顺"，还解释成"总哭闹着找1的孩子"，这样，孩子很快就会和数字交上朋友，亲近数字。英语也是这样。我总想着怎么才能让孩子在不知不觉中学会更多的英语单词。

有一天，我对眼睛闪闪发亮的孩子说："咱们一起给家里人起英文名字怎么样？""哇，太棒了！"女儿对一切没有尝试过的方法都很感兴趣。"小惠是一月出生，就叫'January'吧。"从那以后，我就叫女儿"January"。"妈妈，东民起什么英文名字好呢？"女儿这样问道。就这样6月生的儿子的英文名就成了"June"，爸爸妈妈都叫"October"。爷爷叫"November"，奶奶叫"February"，外婆叫"December"，大舅叫"April"，小舅叫"September"。就是说把家庭成员出生的月份作为英文名，既记住了英语单词，又可以记住家人的生日。以学习为目的接触英语的话，背起来比较困难，容易混淆，但是，变成家庭成员的名字以后记忆起来并不困难，而且神奇的是，记得特别好。

此外，还有现在想起来都觉得非常幼稚的游戏——"亲亲游戏"。"亲亲游戏"是孩子们很小的时候玩儿的游戏，儿子到现在还记得游戏过程，每次想起来都忍不住笑起来。我外出工作的时候，把孩子托给别人照顾，孩子们那时都很小，女儿3岁，儿子2岁。说实话，我比谁都清楚幼儿时期的教育的重要性，但是又想到外面工作，想想觉得很对不住孩子们。在学业上有疏漏可以通过合理利用时间弥补，但是，不能一起共度时光，工作起来也总是生有愧疚之心。所以，我发明出来一种游戏，便是"亲亲游戏"。

我教给孩子们很多稀奇古怪的亲亲种类。"猫嘟塞亲"是把"mouth"（猫）嘟起来亲"seven"（塞本）下；"钦戚亲"是先亲下巴"chin"（钦再亲脸颊"cheek"（戚）；"黑伊爱亲"是互相轻轻碰头"head"（黑），抓住对方的耳朵"ear"（伊），然后睁大眼睛"eye"（爱）。孩子们编出来的英语单词既不是英语词典中的，也不是母语辞典中的，稀奇古怪到只有我们自己能明白，嘻嘻哈哈活动整个身体，在游戏中把所有亲亲游戏中的单词都记住了。

开始的时候用眼睛、鼻子、嘴巴等身体部位词汇，渐渐贪心起来，变换着各种词汇。"来吧，和妈妈一起'安格类（angry）亲'吧。"听到我这样说，孩子们马上都作出生气的表情跟我来亲亲。如果说"夯格雷（hungry）亲亲吧"，孩子们就会捂着肚子好像饿了三天的饥饿汉一样亲亲。此外，下雨天做"rain亲亲"，下雪天做"snow亲亲"，刮风天做"wind亲亲"，在厨房做"kitchen亲亲"，在浴室做"bathroom亲亲"。

最开始玩这个游戏的时候，并不是以学习英语单词为目的的。只是跟孩子在一起的时间有限，想尽办法亲亲孩子、抱抱孩子，出乎意料地成了一举两得的游戏。不仅达到了最初妈妈和孩子肢体接触的目的，还掌握了不少相关英语词汇，最重要的是这些英语词汇牢牢掌握在孩子们的记忆仓库里。

女儿很像我，喜欢起名字，有一天这样问我：

"妈妈，想要说读书，用英语怎么表达啊？""read books就行了。"听我这样说，闺女就把书贴在眼前，嘟起嘴说："妈妈，那么，我们读书时候的亲亲就叫'瑞的不可思（read books）亲亲'吧。"

无论任何事，只要孩子觉得有意思，就会不间断地继续下去。孩子们有着大人们想象不到的扩散性思维结构。只是给他们撒下一粒种子而已，某一天就会长成结有丰硕果实的大树。从一个词语到两个词语，从两个词语到短句，孩子们和我一起在游戏中就掌握了英语单词。

偶尔想起过去玩的这个游戏，我对孩子说："咱们来个'猫嘟塞亲'吧。"孩子就会笑而不语，丈夫会莫名其妙地看着我们。没有人能懂的，只属于我和孩子们的密语，现在想想觉得当时真是幼稚，但是在不久的将来，孩子们一定会感受到那是妈妈的爱，这份爱也会久久地存在他们美好的记忆里。

21 让孩子把英英词典当成玩具，好吗？

都说把辞典放在孩子的身边是一件非常好的事情。因为，养成有不懂的词语就马上翻辞典的习惯，不仅有助于扩充词汇量，而且，自己主动找的词语会在记忆里留存时间更长。如果孩子是在小学刚入学阶段，在词典中快速查找词汇是一种不错的游戏。英英辞典也可以这样玩儿。孩子们在掌握一定量的英语词汇以后，到书店买来英英词典给他们看，像看图画书一样。因为，英英词典是提高用英语理解英语能力的不错的工具。

晚饭后刷完碗，我便和两个孩子在饭桌上做起游戏。我用英语来解释某种词语，孩子们猜出那个词语。妈妈们没有必要事先准备要出题的英语词汇。照着幼儿英英词典中写的读就可以了。刚开始的时候，用不太难的词语出题，等熟悉了这种游戏之后就用高级词汇或者长句子来出题，都是可以的。

玩这个游戏的时候还有一点很重要，在年龄差比较大的兄弟之间玩游戏时，有必要平衡一下分数。如果有一个孩子总得分，那失分的孩子就很容易失去兴趣。我是这么做的：轮流答题，如果答不出，机会就给别人，轮到大孩子的时候，我会出相对难一点的题。

有优先回答权的人错了或者不懂的话，等待的人就可以大喊一声"here"。玩别的游戏的时候，可以叫"我！我来答"，而这个是英语游戏，所以要求叫"here"。在和孩子们一起玩的时候，注意到一些小细节的话，就会是自然的学习，所以，大人一定要时刻保持清醒。

"Are you ready?"这样说的话，自然气氛会不同，就像国际英语竞赛一样变得严肃安静。儿子会"ok,ok"催我出题。把记分牌放在前面，从英英词典中找出比较容易的词汇，"First question,she is the daughter of a king.Who is she?"儿子知道"daughter"是"女儿"，"king"是"国王"，马上就回答出："princess,是公主！""Good job!"儿子听到我的夸奖更加得意洋洋，等待下一个问题。

每个人回答问题的机会是均等的，对方错的时候，自己才有机会抢着回答问题多得分，所以，对方的问题也会格外注意听。"Next question,This is in the middle of your face.This helps us smell things.What is this?" 我用"this"代替了英英辞典中用无衬线字体写着的"your nose"，是为了出题而换的，其他部分照搬原文。"middle"是"中间"，"face"是"脸"，"smell"是"味道"，女儿从这些已知词汇中猜测后答道："It's nose."我用"叮咚"来肯定了她的回答。

爆发力、类推能力、词汇积累等能力都能从这个游戏中得到提高，孩子适应了一段时间后，我开始变换方式，给出英语词汇，让孩子们用英语解释。在纸条上写出英语词汇，孩子们互相用英语解释。孩子们虽然没有完美地运用英文语法来说明句子，但是，还是能够发挥出一定的水平。在玩这个游戏的过程中，我被孩子们的无可阻挡的思考能力所折服。

我出题"summer"，轮到儿子解释。我以为儿子会这样提问："It is very hot in this season. We swim in the river .We have watermelon in this season."但是，儿子用"after spring"两个词汇进行提问，女儿不屑地回答"summer"。女儿提问"black"的时候，也是这样，姐姐问"Not white."弟弟马上答出"Black"。为了说明

"clap"这个词语,孩子拍着手。看着孩子们动员身体各部位和表情将词汇说明使对方能够理解而努力的样子,我脑中浮现出"英语若成为生存手段的时候,方才提高得很快"这句话。

孩子们认为英语是游戏工具,并乐在其中。同时,英语解说英语的游戏,还是让孩子收获兴趣和提高英语水平的非常好的学习方法。

22. 有没有好方法可以提高英语词汇量和语法的水平?

不管听了多少读了多少,只要没有直接出声表达,就不能真正掌握一门外语。另外,平时经常使用的句子会长时间留在记忆里化为自己的语言,听的时候和读的时候都马上能够显现出来。所以,我为了让孩子们熟悉英语,真正掌握英语,让他们玩英语游戏,用英语表演,平时常鼓励孩子用英语表达,营造一种英语氛围。

老大、老二两个孩子像朋友一样结成伙伴一起玩耍,但是老三的玩伴只能是妈妈我了。所以,我就想到了和老三一起玩一种有意思的游戏——"查恩特"(chant)。

我在4份半张A4纸大小的纸张上写了4个同样

句型的句子，要构成起承转合的节奏。"I like spring.You like summer.She likes fall.He likes winter."这4个句子伴着一种节奏感从孩子口中很自然地说出来。要是有想教的词汇，同样写出有这个句子的文章4篇就行了。假设想要教"can"的使用方法，就用"can"写4个句子就行了。I can sing.You can dance.She can cook.He can drive.拍着手、跺着脚，随着句子中特有的一种节奏感，孩子会非常高兴，很容易接受像音乐的句子，并记住它。

　　以发音为主的语言教学也可以用这种方法。例如，想要掌握"un"的发音，就写出有"un"的发音的四个词汇即可。Look at the sun.Look at the gun.Einglish is fun.I run.高高兴兴地拍着手，在游戏中就会明白是怎样的一种发音。

　　听到我和老三这样玩的时候，丈夫在旁边说："把'sun'换成'moon'吧！小孩子看太阳眼睛会疼。"听到我说"结尾的发音都是'un'"，丈夫这才感到不好意思地说："噢，原来是有很深的含义呢！"

　　已经用过的句子也可以在不同的语法点中使用。例如，为了掌握"un"的发音我用过"English is fun."这个句子，把"English"替换掉，来学习"fun"。Music is fun.Math is fun.Singing is fun.Playing the piano is fun.按照这种方法可以灵

活掌握很多词汇和句型。

这样用4个相似句子来掌握英语的玩法，孩子特别喜欢。从最初为了给孩子打基础列出简单易懂的4个句子，等孩子完全适应了，自己就开始有体系地给出句子了。把初中英语教材中的课文用做我们的例句，一有时间我们就玩儿起来。教材是按照孩子们的学习顺序制定出的必要的句型表达，所以完全可以用做游戏用书。

在上学路上，在浴室里，在别人听不到的任何地方，我们俩说着我们发明的4个相似英语句子，这成了只有我们俩能享受到的乐趣。玩这个游戏的时候，不仅说出来的句子有很强的节奏感，而且全身也配合着节奏扭动起来，这样，都分不清到底是在学习英语、做运动，还是在唱歌，总之，令人很高兴。关键是，用这种方法学习英语，能轻松掌握单纯用阅读完全没法掌握的长句子和难句子，而且，长时间不会忘。这就是节奏的力量。

很久以前，我在一所初中给孩子们上英语课。我把教材中对话体的课文变成一种带有节奏的句子和孩子们一起朗读，全班学生都很喜欢，而且，他们不仅理解了内容，还学会了应用。很自然地学习了语法，还能多掌握词汇，这种方法就像游戏一样简单易懂，所以，强烈推荐这种英语教学法——"4个相似英语句子"。

给孩子读英文童话故事的时候，要一一说明吗？

给不识字的孩子读童话书的时候，不要按页翻篇只停留在读文字上，要将每页上的图画适当地作提示，让孩子能够想象比较好。看着封面问孩子："这书是什么样的内容呢？"用这样的提问引起孩子的好奇心，然后翻开书，让孩子看着图片再猜想故事内容，一般都会想得和实际内容差不多。幼儿读物中的文字和图画结合得很好，所以，妈妈不需要一一说明，孩子也可以看着图画猜测出故事内容。这种过程还会养成孩子们的想象力和创造力。而且，还会让孩子感觉读童话书是一件非常有意思的事情。

英语童话书也一样。妈妈们一定有想要通过读英文童话来学习英语的意图，但是，这种目的性绝对不能表现出来。想让孩子在将来也以愉快的心情继续阅读书籍，就要让他从开始接触书籍的时候便将阅读视做游戏对象之一。为了达到这个目的，与其从开始的时候就详细说明，不如让孩子自由想象自行理解，妈妈要适当地引导孩子的兴趣，有感情地读故事。

虽然对内容不理解，但是总在耳边听到，孩子就会主动问妈妈一些问题，有的时候，即使不问也自然而然就懂了。只是，妈妈要对孩子所读的童话书内容有充分的了解，孩子如果有理解错的部分要加以纠正，任何时候都能回答出孩子的任何问题。

拿起英语童话书一行一行解说的行为就好比是孩子想愉快走上英语学习之路，而妈妈却打着给孩子加速的旗号踩住孩子的脚。因为人类之间有相通的东西，所以，在地球上任何两种完全不同的人种见面，大部分都可以进行基本的沟通交流。与此同理，语言之间也有相通的东西，所以，人们都能够按照自己的方式加以理解。

要引导孩子们看童话书就像玩玩具一样。总有一天，只是做听众的孩子，会将自己听到的英语讲出来，让妈妈赞叹不已的。

24 听说演算速度慢，数学学习就会吃力，是这样吗？

大多数人认为对于初学数学的幼儿期和小学低年级的孩子来说，"数学学习即演算学习"。很多妈妈也把很多精力投入到其中。但是，从长期的数学学习过程来看，认为数学难以学习的并不是演算本身，而是缺乏数学思维。随着年级的升高，孩子们都会觉得数学是又麻烦又难的科目，这是因为缺乏从小开始的数学思维训练。

"公共汽车上有20名乘客，在下一站下了5名乘客，在下下一站上来了3名乘客，问公共汽车上一共有多少乘客。"做这道题的时候，重要的是按照"乘客上车就是加法，乘客下车就是减法"的思路作出式子，计算只是其次。但是，只是经过单纯反复解题训练的孩子不喜欢数学思维的过程,只喜欢计算"20-5+3"。

造成孩子出现这种现象的原因正是开始学习数学的时候,大多数妈妈错误接近数学的方式。认为演算重要的妈妈打着给孩子提高演算能力的旗号,不断地用相同的方式让孩子练习加减法。但是,如此反复的话,比起创造力强的思考能力,通过反复地练习的机械化模式已然形成,孩子懒于深究问题的深层含义,而只是关心加减乘除的问题。接触过很多孩子后,我发现,在中学生中,水平在班级中等以上的话,基本的四则运算是不成问题的,也不会影响到数学学习,只是觉得作出试题的过程比较困难。

为了给妈妈们说明问题,尤其是反复做演算问题而对数字敏感的孩子的妈妈,我偶尔会出题考考她们。一旦说出题考试,不管是大人还是孩子都会紧张的,几秒钟前还面带笑容,听到考试,室内好像就开始萦绕紧张气氛了。

"从一层到三层只需要4秒钟的电梯,假设,到达每层的速度是一样的,那么,从一层到六层需要几秒钟?"大人们可能考虑的方面比较多,说出很多种答案。其中,很多妈妈们回答说答案是"8"。我要是听到"8"这个回答,那天的演讲一定很顺。也就是说,与我想要讲的主题内容非常契合。"是的,这样回答的人很多，但是，稍稍加以注意就会发现这个答案错了。从一层到三层需要上几层呢？"这时妈妈们才点点头。答案是"两层"。从一层到二层，从二层到三层，这样两层一共需要4秒，也就是说每层需要2秒钟。从一层上到六层，一共需要上五层，正确答案应该是'10秒'。"听到这儿，大部分妈妈都会可惜道："再多考虑一下就能答对了。"

  给孩子们问同样的问题，说"8"是答案的也大有人在。反复演算罗列出数字的孩子，是不愿意考虑电梯是要上几层这样的过程的。只是关注表面数字3层、6层，到3层是4秒，那自然到6层是8秒，不会经过深思熟虑后再回答的。

  寻找解决此问题的对策的话，我的意见是，从书店里买一本相对简单的问题集，配合着教材的进度，给孩子讲解，并给孩子打分，一起学习。妈妈没有必要担心自己在学生时代没有学好数学。人上了年纪以后，虽然记忆力下降，但是，理解力却会提高。妈妈有着比孩子更为全面的理解能力，所以，和孩子一起做题的话，是有足够的能力辅导孩子的。再说，数学知识是阶梯式迈进的，并不会突然一下变难。另外，数学问题再复杂，最终还是归结为计算题，所以，不去单独做计算题的演算练习，这是完全没问题的。

  话虽这么说，在低年级阶段，计算准确又能保证速度的练习也是很重要的，所以，我是这么做的：从书店买来"计算题集"这类书，周末的时候，规定好时间，考20道题目，告诉孩子们得满分或者只错一个才能得到冰淇淋奖励。孩子们听了眼睛都放光，咬着牙做题。用这样的方法可以培养孩子的正确性、速度，还有集中力。

等孩子们取得能够吃冰淇淋的成绩的时候，我就会跟孩子们说，多亏了你们，全家人都吃上了冰淇淋，这样孩子们会更加尽力做对题。孩子们答题的时候，爷爷就会敲边鼓地说："我的乖孙子，拜托了！爷爷想吃冰淇淋了，哈哈。"全家吃着冰淇淋，大家纷纷对孩子们说谢谢，孩子们也会很高兴地期待下一次的计算竞赛答题。偶尔会很遗憾地做错两道题，不能得到冰淇淋奖励的时候，孩子就会央求我再考一次。我心里暗自偷笑，觉得孩子陷入我的作战计划中，忍住笑，泰然道："机会只有一次啊……好吧，再给一次机会吧。"我满脸堆笑，孩子很感激地集中精神答题，得满分后给家人分冰淇淋吃。

平时就用一般问题集来一个一个解答各种形态的问题，周末的时候，用演算竞赛来训练正确度和迅速度，这样的话，演算练习就足够了。所有的学习都是一样的，像近视眼一样只看眼前的教育方式绝对走不了多远的。孩子需要妈妈加以引导，画出更远更大的图画。希望妈妈们牢记,学数学不是为了提高孩子单纯反复计算的能力,而是培养孩子会思考的数学思维能力。

25 数学学习要提前预习吗？

孩子们歪着脑袋看着还没学过的数学题的样子非常可爱。孩子们在提前学习数学课程的时候，我认为可以看做是智力开发，是非常好的。实际上，看过智力测试考题就会发现，大部分都是数学考题。比如，给出几组图案摆放形式，然后，给出问题：根据已给组合，空白处应该是什么图案？堆积木，根据看的方向不同，被看做什么图形……

我认为数学问题与其看做数学学习，还不如当成是提高孩子逻辑分析和思考能力的解题游戏，孩子们也是这么认为的。孩子每天玩同样的游戏就会厌烦，而面对每天花样翻新的数学趣味题的时候就会带着挑战意识很高兴。数学学习不被枯燥地当做学习，孩子会更容易接受。我到书店选择了一本比较容易的教材。然后，不考虑年级，只要孩子理解了就继续前进。因为数学不像其他学科，是很彻底的阶段式科目，不会有一天突然冒出一个难题，而是一个阶段一个阶段逐步提高的，所以，这个方法是可行的。

提前学习数学的好处有很多。首先看数字的角度会不同，就像登得越高望得越远一样，越是学到高层次的内容，理解能力也随之提高。还有，提前学习的话，时常会有优越感。也因为不是本年级的课程内容，即使有不懂的问题也没必要焦虑。一旦发现孩子有畏难情绪，我就会对孩子们笑着说："不用担心，又不是学校正在学的内容，不懂很正常，弄懂了就是天才了。"孩子听了之后就会一起笑，然后，觉得自己还是不错的，也为了成为"天才"而努力着。

根据数学专家的意见，理解了80%的内容就可以继续学习新内容了。在学习新内容的过程中，就会不知不觉理解了那剩下的20%内容。没有一个标准说，应该提前学习到什么程度。只要孩子能接受，一直学下去就可以。实际上，女儿大概提前学习了两年的内容。但不是每一个内容都给她细细讲解。每次学习新的单元内容的时候，我只是将基本知识讲解一下，在解题的时候，都是她自己完成的。老三也在提前学习数学，每天利用早上时间做几道题，一点都没觉得累，相反还很高兴。我们还有只有我们俩能懂的暗号"help me"和"finish"。以书的每一页为采分点，我们约好，老三在觉得难需要帮助的时候就会大喊"help me"，完成一页就大喊"finish"。

老三在做还没有学过的数学题的时候，从不要求帮忙，而是自己绞尽脑汁地做。那是因为，不要求帮忙，完成一页的时候，我会大加赞赏他；也达到了与其通过妈妈的说明很容易就理解，还不如通过自己动脑筋理解的目的。妈妈在旁边看着孩子做题，给孩子打分，鼓励孩子，表扬孩子，这样，孩子也不会觉得数学学习难，而是会很愉悦地接受。

仅靠学校的学习和回家复习不能从宏观上认识数学，并且一直会摆脱不了数学是很难学习的这种想法。我建议，用相对简单的教材来学习，稍微提前学习一些数学知识，以宏观的视角看待数学，在学校的学习也将是深化学习。不要忽略的是，选择相对简单的教材后，应该一页不落地仔细学习。这样可以整体把握单元的学习，不管是应用题还是高难度题，都能解出来。就好像吹气球，开始的时候很费劲，两腮要鼓得很大。小孩子是没有力气完成的。但是，吹过的气球再吹就不那么难了。

有的妈妈会有顾虑，比学校的进度超前会不会让孩子在上课的时候会觉得枯燥。这是杞人忧天。大女儿超前学习两年的数学，但是，还是很喜欢上数学课。只要孩子知道，上课的时候要跟随老师的步伐，集中精力，就没有任何问题。因为是已经学过的内容，孩子在上课的时候不会感到陌生，也能马上了解老师要讲的内容，能够积极回答老师的问题，愉快地上课。这样的上课，对孩子来说是愉快的复习时间，在课堂上可以成为比其他人都积极主动的学生。

不请辅导老师，也不去补习班，怎样才能学好数学？

我只给大女儿辅导数学功课到小学低年级。到了小学高年级和初高中，遇到高难度的强化题的时候，不理解或者解不出来的问题，大女儿都会自己看参考答案去琢磨解决。

我觉得谁都不可能整天陪在孩子身边一一说明，这种方法是有限度的。看着书上的解题思路和方法，自己慢慢琢磨，培养理解能力，难题才能够独立解决，所以，从孩子很小的时候，我就告诉孩子，书是老师。

仔细回想一下，女儿除了游泳、滑冰、钢琴等音体方面的学习外，其他学习全都是自己解决的。既没有去补习班，也没有找辅导老师。辅导老师只是把书本上的内容给学生讲解得容易一些而已，不可能把所有问题讲得比书本上还细致。通过书本学习到的知识比辅导老师的说明更详实和有深度，所以，书是最好的老师。从小不依存别人的说明，养成自己找答案的习惯，大了就会习惯成自然了。

孩子小的时候流行几家组成小组，一周一次学折纸。当时，也有妈妈找到我想要跟我凑小组，我一打听价格太贵。有那些钱，我还不如给孩子多买几本童话书，至于折纸，我可以买书自己教孩子们。

起初，按照书上的顺序折，有些难度，但是，和孩子一起头碰头互相研究的氛围，最终使我们能够成功完成一个个作品。既提高了解决问题的能力，也养成了遇到问题独立解决的习惯，真是一举两得。

看到书上的解析就能够顺利解题的话，学习就不会受任何制约，自由自在。不需要找辅导老师，也不需要找辅导场所。能够说出"数学像小说一样有意思"这句话的大女儿的数学学习秘诀就是，自己看书，独自解决问题，养成习惯。这种方法之所以能成为秘诀，是基于"阅读是所有学科的基础"这一原则。

> **Tip** 听说您没有让孩子参加过补习班,但我因为学识不够,对教育孩子没有自信。

想要学习是由本人的意志决定的,而不是妈妈的学识。看看我们身边的例子,有很多妈妈学历不高,没有文化,孩子照样学习好,各方面优秀的例子比比皆是。相反,妈妈高学历,又花很大精力辅导孩子,家庭经济条件也很充裕能够承受昂贵的补习班费,孩子仍然是学习成绩落后的学生,这样的例子也不是没有。

想要把孩子培养成学习成绩好的孩子,就要赋予孩子主动学习的意志,即赋予成就感。事实上,没有多少孩子会觉得学问本身是纯粹而有意思的。从开始的时候就让孩子感受到受到表扬后的喜悦,慢慢就会发展成能感受到学问本身的愉悦的境界。我可以用自己的亲身经验证明这个理论的效果。

我的妈妈就从小把我培养成了一个不努力学习就受不了的孩子。正是因为妈妈从小就告诉我，学习成绩好的话，人人都会夸，听到这些心里比吃了蜜还甜。我长大的地方是一个人人认为"学习是在学校做的事情"的小村子。但是，妈妈在我很小的时候就开始教我识字和数字了。刚上小学的时候，我是班里为数不多会读几行字的孩子。妈妈在我入学以后，每天早上叫醒我听写生词，然后再送我上学，晚上回来就问我白天学了哪些知识。多亏了妈妈带我预习、复习，我常在同学面前受到老师的表扬。我很享受这种使我感到幸福的学习。

到了小学四年级的时候，妈妈就在我的学习指导上放手了。因为那之后的学习对妈妈来说也变得有难度了。但是，我很清楚妈妈对我的期望，所以，我为了不让妈妈感到失望，很自觉地就努力学习了。这就是"皮格马利翁效应"[1]吧。从小学四年级开始妈妈不再教我与学习有关的任何知识，取而代之的是给了我最多最大的母爱。有重要考试的时候，就做好我最爱吃的炖鲅鱼和醪糟等着我回来。我在参加女子高

---

[1] 亦称"罗森塔尔效应"或"期待效应"。暗示在本质上，人的情感和观念，会不同程度地受别人下意识的影响。人们会不自觉地接受自己喜欢、钦佩、信任和崇拜的人的影响和暗示。

中入学考试的时候，妈妈偷偷地在我的衣服上贴上祈福符，希望我考第一名。我在母亲的大爱中，自己自觉地成为努力学习的孩子，以实际行动报答母亲。遇到难题的时候，不怕挫折，不会失望，积极地面对一切，克服一切，使我有这种品格的正是从小就默默支持我为我加油的母亲的信赖和期待。

当我生了孩子也成为母亲的时候，我也想像母亲那样，在孩子的早教问题上倾注最大心血。鼓励孩子多于教导孩子，努力把孩子培养成自觉的孩子。如果孩子自己没有想要学习的意志力，知识渊博的妈妈再怎么教都无济于事。当妈的能给孩子插上最亮丽的翅膀，但是，向着目标，努力飞翔的只能是孩子自己。

第3章
愉快的阅读与写作练习

27 没有读书的时间

准备幼升小的孩子和小学低年级的学生是非常忙的。每个孩子平均都会报三四个补习班,在放学以后补习功课。将教育比喻为长跑的话,这个时期的各种教育将成为一生的力量源泉。但是,不能听别人说好,就照单全收,给孩子报满各种补习班,那样也许将导致孩子不堪重负。

有个小故事讲用大石头、小石子、沙子、水来填满空罐子的方法。我在忙得不可开交没有一点时间的时候,就会想起这个小故事。放进小石子的话,大石头就没有地方放了,也就不能把材料充分利用了。要想把空罐子填满就要先放大石头,然后放小石子,再放沙子,最后倒水,这样才能一样不落地把材料都利用完，还能把空罐子填满。

　　一天对于每一个人来说都是公平的24小时。要给孩子充足的时间睡觉、玩耍。因为是长身体的时候。除了这些时间以外，剩下的时间每个孩子都是差不多的。在大小相同的时间罐子里，先放什么后放什么往往是决定孩子是否成功的教育科学。

　　想要填好孩子们的"时间罐子"，最好的方法是最先放大石头，对孩子来说最大的石头便是"阅读"。补习班只是小石子，终究不能成为大石头。

　　当孩子升入小学高年级的时候，学习上的负担会一下子加重。并且，随着学习难度的增加，甚至到达遇到高难度问题时即使得到别人的帮助都无法解决的地步。就算不停地有人在身边讲解，如果不具备基本的思维能力的话，也无法领悟解题思路本身。

　　所以，要把小石子和沙子从孩子们的时间罐子中取出来，要留出能够放入"阅读"这个大石头的空间。先给足了阅读的时间，如果保证充足的阅读时间以后，还有剩余时间，就把认为比较重要的小石子——钢琴、绘画、电脑、英语等适量给孩子补充。

　　把没有阅读习惯的孩子培养成学习成绩好的孩子的概率接近0。给初、高中生上英语和数学课的时候，我发现，基本文章的理解能力较差的孩子，阅读理解也不行，也不会列算式做题。所以，让孩子自觉自发地学习，最首要的就是给孩子阅读的时间。

28 孩子已经会自己读书了，妈妈还要继续读给孩子听吗？

孩子们小的时候，我会每天给他们哼一首童谣。每天定下当天的主题曲，从早上开始反复哼唱，听着听着，到了中午的时候，孩子已经基本学会了。有一天唱的是《年龄》这首童谣。和以往一样，到了中午，孩子自己就会哼唱了。"大树也有年龄，像我们一样长年龄……"给襁褓中的弟弟哼唱这首童谣的是两岁的大女儿，她一边唱一边望着我，问道："妈妈，婴儿是不会长年龄的吧？因为没有牙齿啊。"大女儿很早就会说话，很小就识字。我错误地认为，早说话、早识字的女儿，词汇量也是一起增长的。我觉得，孩子自己都会慢慢懂得的。也许，女儿认为"年龄"是一种零食吧，反正是可以吃的一种食物。

当时，女儿上的幼儿园在那一片是比较大的私立幼儿园。那个幼儿园每天要求家长按照幼儿园的食谱给孩子们准备零食。幼儿园的规模大，人数多，要带南瓜饼的前一天，附近超市里的南瓜全都卖光了；要准备蟹肉饼的前一天，要坐车到处去找蟹肉。我深知幼儿园让家长给孩子精心准备营养餐的教育意图，所以，没有抱怨，尽量满足，但是，实际操作对我来说真的很费神。看着计划表能提前准备就提前准备，但是，有些需要新鲜蔬菜做材料，我常常忘得一干二净，等到前一天晚上才想起来，匆匆准备。遇到那种情况，我就会为找合适的食材而到处跑。因为，我下班回家以后再去超市的时候，基本上都卖完了。

有一次在下班前给孩子打电话，考虑到家附近的超市可能买不到材料，想在公司附近买好再回家。"能帮妈妈看看明天的食谱吗？妈妈想买回去。"听我这样说，孩子就跑到食谱前，高声读出上面的字："嗯，妈妈，明天是两种。圣女果家里有，就买'适量'回来就可以了。"也就是说，第二天要准备的零食是"圣女果适量"。当时孩子6岁。不论是识字量还是认数字都比同龄孩子早，说话也早，还以为孩子聪明呢，现在居然让我买"适量"回去……别人听到了也许会笑，但是，作为妈妈我受到很大刺激。于是，从那天开始，我打算对孩子原本自己独立完成的词汇理解进行干预。

很多妈妈在孩子识字以后就会松一口气。可能觉得，这下就不用扯着嗓子给孩子读书，孩子自己就可以读了。但是，"识字"和"阅读"是两个概念。一定要明白，孩子就算认识字，不见得懂字的意思。刚开始教识字的时候，虽然能读出文章，但是，不懂得含义的现象很严重。所以，识字的最佳方法是，在读童话书的时候，用手指指着一个个字读，然后，和意思结合着领悟。

"Bed side story"是犹太人的子女教育方法。就是在睡觉前，在床头给孩子读书的教育法。能听到妈妈亲切的声音安静入睡，孩子在心理上有安慰，这是一定的，睡前听到的童话会储存在孩子的潜在记忆中，实际上，孩子经常会在第二天为了搞清楚童话故事的结尾部分而吵着要书。

给孩子读童话故事，和孩子交流，都是帮助孩子理解和思考的好方法。但是，过分侧重词汇而读童话故事的做法，会妨碍孩子读书的自然流畅性，所以，要加以注意。也就是说最大限度，顺其自然读书比较好。其中穿插着讲解一两个词汇，然后将词汇记在笔记本上，时间长了就成了很好的词汇集了。再顺带着将有那个词的句子一并记录，再次遇到这个词的时候便可以联想到一起记的句子，就马上能够想起是什么意思。例如，"海伦·凯勒和母亲相逢"这个句子记下以后，再讲解"相逢"的意思，下一次遇到这个词语的时候，也会想起句子，这样，意思就很容易明白了。

　　妈妈有时间，孩子又愿意的话，即使到了小学高年级阶段给孩子读书也是很好的。用声音读出来，文字自然地变成声音，进一步变成思维。孩子长大以后给孩子读古文书籍也不错。就像作者对孩子直接说一样，妈妈把书上的故事说给孩子听，孩子在听妈妈讲故事的时候是非常高兴的。而妈妈亲自给孩子读书的更大快乐，不是词汇量的增加，而是妈妈和孩子的关系进一步巩固。

比起读全集的书，
是不是单行本更加有利呢？

虽然很多人否定全集，但是，给小孩子还是买全集比较好。全集在策划阶段开始就按顺序、按体系地制作，所以，只买全集中的一本不如给孩子买全集。专门为孩子们准备的全集无论是从制作纸张的质量上，还是颜色选用上，都会考虑孩子的视力健康，选择不被光反射的无光处理，这比单行本的品质好得多。

再加上我因为工作忙没有时间经常逛书店，单靠书店买回来的几本书来给孩子树立读书体系，好像漏洞不少。要想从书店买回书插在书架上，至少要清楚孩子已有的书籍目录，还要知道孩子的读书倾向。但是，工作忙，家务活也很多，我往往无暇顾及。这种情况下，我认为给孩子买全集更好，有去书店的时间

不如给孩子读读书。

最开始，我对全集类的书也是反感的。我觉得拉着孩子的手到书店尊重孩子自己的选择，让孩子选书的方法更具教育性，是高尚妈妈的表现。但过了一段时间一件事情触动了我。那时候孩子3岁。邻居家的小姑娘来找女儿玩，正好电视上正在播《穿靴子的小猫》这部动画片，正在玩玩具的小姑娘趴到电视机前对女儿说："我家还有这本书呢……"然后，就认真地看着那部动画片，而我女儿却显得漠不关心。当时，我的脑子里就有东西闪了一下。那个小姑娘家有这本动画书，而我家没有的这个差异造成了孩子好奇程度的差异。就算没读过这本书，只是看到书架上摆放着这本书，也会让孩子和童话故事亲近起来。那个孩子一定在回家以后就从书架上拿下这本书，对自己的妈妈说："妈妈，我在电视上看到这个了，给我读吧。"为了引起孩子的注意而把书提前准备在孩子面前，已经算是广义上的先行学习了。

第二天我就到书店买了一部全集动画给孩子看。首先我把全集大概地看了一遍。妈妈要第一个将孩子的书读完，了解该用书教孩子什么。

但并不一定要给孩子买新书。可以从亲戚那里得到，也可以在二手书店买到便宜书。怎么购买图书不是问题。不是拉着孩子手到书店里买孩子喜欢的书就是重视教育的妈妈，不管用什么方法给孩子多准备好书并让孩子阅读的妈妈更是教育型妈妈。当然不是说要用全集堆满房间。在有了一定量的全集后，孩子养成了读书的好习惯后，也可以给孩子买单册书插在孩子的书架上。

此外还有不少妈妈说，给孩子买了全集的话，孩子就会反复看全集中的某一册书。当然看完全集以后，孩子会有特别喜欢的某一册书，但是，大部分会将读过的书拿给妈妈，让妈妈读。就像给孩子树立正确的饮食习惯，如果希望孩子有规矩的成长，就不能因为孩子喜欢吃鱼就天天做鱼。阅读的"饭菜"也要丰富多样，也就是说，让孩子品尝出不同书籍的味道。

我每天早上从5套全集中选出与当天日期一致的书放在书桌上。譬如2月1号，就从名著动画、创作动画、古代动画、自然观察、伟人传记等全集中拿出第一册来。然后，将这些书利用全天的时间给孩子读，这是我每天的作业。我忙的时候，也会拜托丈夫给孩子读指定的书。这样下来，一个月就可以读30本书，两个月的话，就可以轻松读60本书了。这样做就不会出现孩子们来不及看而不知道其中趣味的书了。喜欢读书的孩子不会在选书方面偏食的。从开始的时候养成习惯很重要。

虽然儿子不像大女儿那样是读书狂，但是，在姐姐的影响下，他也逐渐拿起姐姐周围的书来看了。接触过很多孩子后，我有一个惊人的发现，书很多但不怎么读的孩子和没几本书但是很爱看的孩子相比较，前者的书还是读得多。不管是买全集还是单行本，都不是问题。关键是，给孩子准备丰盛的阅读饭桌的妈妈的智慧和努力。

30　有什么方法让孩子自己挑选喜欢的书？

民主的妈妈带孩子到书店让孩子自己挑选喜欢的书。当然，孩子对自己选的书会带着更大的兴趣去读。但是，这种情况下，妈妈一定要先了解书上的内容。孩子们喜欢的书中，反而有很多会害了孩子们的内容。举例来说，"吸血鬼"这类的书孩子再喜欢，也不能说成是"我们家孩子可喜欢读书了"。

孩子人格的形成过程中，孩子所读的一本书也许会成为改变孩子一生的指南。所以，就算孩子不喜欢也要让孩子读劝善惩恶的古典名作，明白是非对错。就像孩子不喜欢吃某种对身体好的食物，就想尽办法让孩子吃一样，读书也要形成体系和方向。妈妈们要牢记，让孩子养成读好书的习惯，给孩子选择好书都是妈妈的分内事。

还有一些妈妈每次给孩子买书前,要向孩子确认买完后读不读再给买。这样的妈妈往往是精打细算型妈妈,追求的是投资后的最大回报率。当给孩子买了书以后,孩子把书搁在一边不读,她们认为是一种损失,所以,得到孩子确切的回答以后才会买。但是,面对这样的妈妈很多孩子不会马上回答说,要读什么什么书。因为答应要看后又没看的话,会被妈妈批评的。孩子有顾虑在先,就不会轻易让妈妈买书,妈妈也因为没有听到孩子确切的回答,而绝对不会买全集类的价格昂贵的书,可能会买一些单行本给孩子。

不只是看书,越来越多的妈妈认为要尊重孩子自己的选择,做练习题或者去补习班都会征求孩子本人的意见,如果孩子不喜欢就马上停止。当然,每个人的素质和能力不同,妈妈不可能按照自己的愿望来养育孩子。妈妈想让孩子学弹钢琴,孩子不喜欢的时候,就不能强求孩子。强迫带不来效率,也会浪费钱和时间。但是,我觉得尊重孩子的意见是一方面,但也不能完全依靠孩子的判断做决定。

和大女儿弹钢琴到初中三年级相比,儿子只弹到小学三年级。要是依照我的想法,我认为人一生中至少要学会一种乐器,这样生活才能变得丰富,所以,要坚持练习。大女儿自己喜欢,所以,坚持了十几年，至今仍是值得骄傲的特长，但是，儿子就不一样了。

有一天儿子跑到我面前对我说："妈妈，不要把您的想法强加给我，我可不想弹女孩子们弹的钢琴。"我在那时受到很大的刺激。我反省自己是不是真的像儿子说的那样强加给孩子自己的想法，结果，不得不停止儿子的钢琴练习。

从那之后，儿子偶尔会弹最后学的曲子——《我的快乐的家》，表情上流露出了因为没有继续弹钢琴的懊悔。看到那个表情的时候，我想到了，有时候就算孩子不愿意，妈妈也有必要好好说服教育。孩子们的价值判断还未成熟，只尊重孩子的选择，日后，往往有后悔的一天。

31　书价太贵，在图书馆借书让孩子读可以吗？

　　有很多妈妈每周从图书馆借几本书给孩子读。这不能说一定是个不好的方法。因为不管用什么方法，让孩子多读书是最大的目的。再加上，用买一个西瓜的钱就可以让孩子读一个月的书，照比昂贵的书价来说，借书看是一件很经济的事。我担心的是，只用这种方法能否给孩子树立良好的阅读习惯。

　　孩子不可能读一遍就理解书的全部意思。随着年龄的增长，思维也逐渐成熟，就算读同样的书，也总是会有新的收获，新的感受。我认为，给孩子准备自己可以拥有的书才是正确的，哪怕一个月只给孩子买一本书。如果孩子只读租来的书，就不太可能再读那本书，更不会对同一本书有不同的见解和新的感受。

事实上，我在养育孩子的过程中发现一个很神奇的现象。读过的书，会反复读。有一本书，大女儿竟然读了18遍，书的内容都能背下来了，但是，她还是愿意再拿起来读。上高中的时候，每逢考试，女儿就会找出这本书，当做放松读了又读。从小读过的书，读起来可能会舒服和有安定感吧。

但是，不可能给孩子买所有他们想要的书，家里没地方放，经济承受力也是一个问题。如果考虑到书的价格的话，先备好基本图书，其他的可以借来读。入学前可以在附近的图书馆借，入学以后可以从学校的图书馆借书读。近几年学校图书馆的设施越来越完善，藏书量也越来越多，充分利用学校图书馆，还可以一举两得。因为很多学校都有对读书多的孩子进行奖励的制度，孩子还能收获获奖的喜悦。

借书看的时候，偶尔会想起以前读过的童话书的题目和内容。有段时间，我带着孩子在区图书馆和学校图书馆借阅了不少书，那时，我要求孩子们在还书前把书的题目和出版社、作者记下来。那是因为，借阅过的书中肯定有想再读一遍的情况。

我小的时候家里经济条件不允许我经常买书看，我就从学校图书馆借书看。有的书熬夜也看不完，第二天要还书时非常不舍。因为，我和小说中的主人公已经建立感情了。记得是初一的时候，有一天，我借来一本书，看着看着感到太伤心了，竟然蒙着被子嚎啕大哭起来。那本书是一位日本作者写的，现在内容已经记不清了，只隐约记得题目是《爱流淌的地方》。不久前，我到书店去找，可是没有找到。因为是翻译的书籍，书名有可能换了，也有可能不再出版了。因为有这样的经历，所以，我要求孩子们一定将书名和出版社名字记下来，以便日后想读时找得到。

　　总的来说，在思维还不定型的成长时期，需要给孩子准备自己的书，等到具备一定的读书能力后，借书看也是不错的。另外，就算经常借书看，每周或者每月妈妈和孩子也应该一起去书店看看新书，买一两本想读的书。最后想再强调一点的是，借来的书，一定要在还书前将书名和作者等信息记录下来，以便日后再找来读。

孩子喜欢读书,但是,一旦提到写读后感就会非常抵触

很多妈妈说,孩子读书量不少,但是写作能力比较差。其实,妈妈没有必要太担心。因为语言学习的顺序是听、说、读、写。听得多的孩子说话也早,看得多的孩子写得会好。

偶尔会有妈妈担心,给孩子讲了不少故事,但是孩子说话晚。其实那样的孩子大脑储存能量大,还在累积过程中。我劝慰这样的妈妈,孩子一旦说话就会说出流利的句子,不用担心,继续给孩子多讲故事就可以了。事实也是如此。有些晚说话的孩子,比同龄孩子表达还要流畅。与此同理,书读得多但是写作不太好的孩子,只是还没有到时候而已,孩子正在积累写作的能力,所以,不用担心。

妈妈需要担心的是，当孩子在进行储备写作能力——阅读的时候，一定不能懈怠，遇到这种情况，妈妈要想尽办法鼓励孩子多读好书。

在教孩子的过程中，妈妈们总是急于确认，所以，教一个考一个。但是，对于孩子来说，应该先教，提问间隔时间越长越好。读书也是这样。妈妈想知道，当孩子读完一本书的时候，是否理解了书的内容。但是，这不是好办法。相比较于问孩子理解没理解书的内容，妈妈将孩子读的书边读边讲解更有意义。

给孩子作读书指导的时候最重要的是让孩子爱读书，让阅读成为不是被谁要求做的事情，而是发自内心地喜欢的一件事。想要达到这种效果，就不应该强求孩子做读后活动。要想进行读后活动，就不能给孩子负担，要像做游戏一样自然地引出比较好。

大女儿上幼儿园的时候，有一天晚饭后，我让丈夫和两个孩子围坐在饭桌旁，拿出5本童话书，并要求道："咱们先读书，读完在这张纸上写出一句话的读后感，只许写一句，两句不行，就写一句。"如果对写长文章比较反感，只写一句还是很容易的。4个人围坐在一起，轮流读着5本童话书，然后各自写一句话读后感，然后，轮流发表一句话读后感。因为只可以写一句，居然出现相同的句子。写出同样句子的两个人互相对视，像是知音一样击掌。

有时候，我们也进行家庭问答活动。好像在我不知不觉中，孩子们的阅读量一下子增加了很多，字小又较厚的书几个小时就能读完。我想考查孩子们是否真正读懂，又怕孩子感到压力，所以，就想出用问答游戏方式进行读后活动。我只需要确认孩子是否读了，所以，就出了一些简单的题目。孩子的回答与我的忧虑正相反。孩子在读书过程中，是自然提速的。

在孩子喜欢阅读以后，再引导他们来写读后感也不迟。首先读书，再记下书的题目，提高成就感，在自然的对话过程中巩固书的内容，以此循序渐进地进行。孩子一旦喜欢上阅读，妈妈的读书指导的绿灯就会一直亮下去。

Tip 家里没多少书，经常去图书馆是不是也可以啊？

假如能够智慧地利用图书馆，则既能节省教育费用，又能教育好孩子，是一举两得的好方法。可以免费看书自然不用多说，还可以观看各种演出和电影，还有可能参加各种活动。

但是，给孩子找阅读书籍只靠图书馆是不行的。因为图书馆不是24小时开放的，有不少人应该有过这样的经验：偶尔带孩子去图书馆，恰好又碰上图书馆闭馆日。不仅如此，借出来的书没来得及还，又不可以续借；想要借阅的书籍又被他人借走，这样的情况也不少。不管从经济方面还是精神方面考虑，图书馆确实是不错的教育空间。当然，对孩子来说，最好的图书馆是24小时开放的，不需要借阅和返还手续的"我家的图书馆"。

从前一段时间开始，不少家庭将客厅中的电视撤掉了，将客厅变成家庭图书馆。晚饭后，全家人一起读书的场面还是很温馨的。去年搬家以后，听到的最好的消息是我家附近要建图书馆了。前不久好像竣工了，听说明后年就能交付使用。能和老三一起走着去图书馆，想着都很美。

Q33 学校让孩子每周只写两篇日记作为作业,是不是每天写好一些?

回想我在子女教育中比较关键的两件事:一是,儿时开始读童谣;另一个是,每天坚持写日记。童谣可以净化孩子心灵,成为温暖的心灵基础,通过语言浴很早就识字,成为刺激大脑的快乐媒介。从小学一年级入学的那天开始,到小学六年级毕业的那天,孩子每天记下的日记相当于我20年教育的成果。

利用记日记可以获得不少成效。其中,最大的好处就是持久力。每天哪怕只写一句,也要坚持记日记,就像每天饭后要刷牙漱口一样,让记日记成为习惯。

每天记日记可以让孩子从日常生活中学会发现。为了学好语文,多思考是很重要的,每天记日记的话，从很平凡的日常生活中也能发现可写的素材，在这个过程中，能养成观察事物，看问题、思考问题的角度广泛的好习惯。

在学校的时候，每学年随着老师的更换，记日记的要求肯定也会变化，有的老师要求每周写两篇日记就可以，有的老师不要求，全凭学生自觉。但是，妈妈们不要因为每年变化的老师和老师的教学方式而摇摆不定，要定好孩子记日子的重心，引导孩子坚持记日记。就算老师要求孩子每周只写两篇日记，她也不可能批评每天都记日记的孩子。

比什么都重要的是，不要让孩子觉得记日记是在完成老师留的作业，而要让他明白这是回顾一天、设计明天的快乐时光。妈妈们要知道，坚持记日记不是一件简单的事情，但是，付出和收获是成正比的，一定要坚持。

每天让孩子写日记真不是一件简单的事情,偶尔落下一篇没关系吧?

 即使孩子从开始的时候就养成了每天记日记的好习惯,然而,再用甜言蜜语做评语也难免会遇到坎儿。我家孩子的坎儿在开始记日记不久之后就来了。

在女儿刚升入小学时,有一天,学校留作业说,要在不久后的某个周一举行跳绳比赛,要每天练习。所以,我跟孩子从周日中午开始就在院子里练习。第二天,孩子可能因为前一天练习强度太大了,所以,浑身难受,什么都没做就睡着了。

孩子第一次没有记日记之后就睡着的那天,我很苦恼,然后,翻开孩子的日记本,记下下面的一段话:"今天从早上开始发烧。可能昨天和妈妈练习跳绳太累了。但是,也和我平时没有运动有关系。以后，我要多运动，做一个身体健康的好孩子。"

次日早上，孩子起床后马上就翻开日记本。显然她自己也意识到没有记日记就睡觉是不对的。看到妈妈记下的日记，她吓了一大跳。我对女儿说："记日记是为了回顾一天，做错的地方反省一下，然后计划第二天非常重要的事，绝对不能漏掉。如果实在是有不能记日记的原因，就告诉妈妈，妈妈替你写。记日记是就算要妈妈帮忙都要坚持每天记的很重要的事情。"那天女儿彻彻底底明白为什么每天要记日记了。以后连续6年，她一天都没落下，坚持每天记日记。

在养育孩子的过程中，实践心中的教育观的时候，难免有矛盾摩擦产生。如果将之看成是例外，原则性的东西早晚会坍塌掉。所以，我将自己认为重要的事情固执地坚持到底。

记日记正如我想的一样，为孩子形成良好的品质打下了坚实的基础，也将凡事只要开始就坚持到底的持久力作为礼物送给了孩子。

**孩子听写的时候不会出错，
可是写日记的时候就会写错别字**

在指导孩子记日记的时候，最重要的是最大限度地尊重孩子记的日记，不要因为字写错了或者表达不通顺了就乱改一气或者让孩子重新写，否则会伤害到孩子。我在大学的教学法课程中就学过，因为孩子写错别字就用红笔划横线或者让孩子重新写，等等，这些矫正行为都会伤到孩子的自尊心。

刚开始记日记的孩子肯定会写错一些平时不会写错的字，前后文章不通顺的地方也很多。我没有用红色笔，而是选择了蓝色、绿色、紫色等颜色笔在错别字或错句下面划下横线，并标上序号，然后在日记最后空白处将错别字、错句改过来，而不直接告诉孩子哪儿错了。错过的字仍然有再错的时候，每次我都无声地改过来。这样反复几次之后孩子就再也没有错过了。

就像不要强迫孩子读完书后一定写读后感,在指导孩子记日记的时候也首先要让孩子感到有趣。有错别字挑出来,要求孩子改写好几遍,加上不断的唠叨,记日记就成了为了应付妈妈的一件无聊事了。失去兴趣就很难再坚持记日记。要记得,相对于细枝末节来说,主干部分是最重要的,因此,妈妈尽可能地不要纠缠于一些小错误。

36 孩子字体不漂亮，要不要单独指导书写？

现在的孩子都能够熟练使用电脑打字，比起手写日记，更想用电脑打字记录日记。我的孩子也是如此。但是，我要求孩子们日记一定要用手写。我认为一个人能写出一手漂亮的字比什么都重要。所以，除偶尔允许孩子们用电脑打字记日记之外，还是以手写为主。因为，我想让孩子们记日记的同时也练习书写。

孩子是从小学一年级开始记日记的，因为字不是很端正，有很长一段时间很苦恼。但是，我没有因为孩子的字不漂亮就每天唠叨，而是对坚持记日记的孩子大加赞赏。然后，在干净工整的字体下写上表扬的话，在写得歪歪扭扭的字体下写上鼓励的话，这样一来，日复一日，孩子的字越写越漂亮了。

每天手写着一天发生的事，到小学六年级的时候，女儿的字就像电脑打的字一样，非常整齐。正好韩国电视台MBC和尹导演举办"全国书写竞赛"，女儿作为学校代表参加，得到了小学部金奖。女儿的字体当选为"小惠体"，很多人从网上下载，竞相模仿。

没必要为了写漂亮字去什么补习班。手指上多下工夫，每天睡前记下一天的事情，就可以充分练习书写了。妈妈们只要慢慢地、耐心地指导孩子记日记就好了。

37 孩子每次都说没有可写的内容

　　我没有在孩子们记日记的问题上作出规定。孩子们在日记里想记什么就记什么。不仅可以记一天中发生的事情，还可以记阅读书籍后的感想，给谁写的信件也行。偶尔写写儿童诗，再画画漫画，剪下报纸上的图片，记下自己的感想。我想让孩子感到，记日记不仅仅是完成一天活动的记录，同时也是多种创作的园地。我认为不管是什么内容，能每天引发孩子思考，这才是最重要的。

　　有时候，孩子也会对我说没什么可记的。那时候，我就会递给孩子一本儿童诗集，选一首给孩子。我说："你先记下'今天我要欣赏一首儿童诗'，然后，在下面记上读诗的感想。"孩子会非常高兴地接受我的建议,因为正愁没的写呢,就像遇到救世主一样接过我递给他的诗集,工工整整地抄写下来,还配上了插图。然后,在下面写下读诗以后的感想。我时常铭记"如果认定一次意外,原则就会倒塌"这句话,指导孩子每天坚持写日记。

没的可写只是刚开始记日记的时候的短暂现象。每天坚持记日记就会发现可写的内容太多,无从删减倒是会成为问题。养成每天记日记的习惯,自己会在不知不觉中产生在日常生活中找到素材的能力。看到落叶也会陷入沉思,朋友的一句话,师长的一席话都能写下满满的一页纸。

每天记日记,不光是思考的深度会加深,连文章表达能力也会同时得到进步。并且有利于将之前写过的日记素材串成优美的文章。还有,随着自我想法的深度增加,每天的日记量也会相应增加,日记本也越记越厚。

就算从来没上过什么写作补习班,孩子们也能将所有写作竞赛奖包揽一身。能够有这样的成果,一等功臣非记日记莫属。

38 用日记对孩子进行人性教育，想知道具体怎么做

我每次看完孩子的日记，都会在下面留下几行字。开始的时候是因为觉得白天因为工作没能陪孩子，用这种方式弥补一下；也想让孩子看到妈妈的鼓励以后，能坚持记日记。

妈妈的几句话除了能让孩子感到母爱以外，还有很多附加品。就好像久旱逢甘露的小树苗一样，妈妈的感情通过文字传递给了孩子。有时候是安慰的话，有时候是称赞的话，全都成为了在孩子成长阶段引导孩子的指路牌。

妈妈的批语，除了带给孩子感情以外，还成为给孩子知识的小窗口。孩子摔倒受伤的那天，我在孩子的日记下这样写道："有句话叫'身体发肤受之父

母，不敢毁伤'，意思是说，我们的身体和头发、皮肤都是从父母那儿得到的，所以，不能轻易磕碰。我们要爱惜自己的身体。"我给孩子写这段话的时候，还查了汉语辞典，特意把汉字写了出来。我是考虑到，孩子将来不一定在什么场合下能够看到这句话，那时候，能觉得这不是一句陌生的话就足够了，并没有叫孩子读或者背下来。只是写了出来。

但是，没过几天，儿子在外面受伤后回家了。这时，女儿对弟弟说："身体发肤，我们的父母给我们的，怎么可以轻易受伤呢？"我听到女儿的话，大吃一惊。女儿把我写给她的话全都记下来了。

如果让我说出一条通过记日记得到的最有效的教育成果的话，我会毫不犹豫地说，那就是"把孩子培养成有人格魅力的人"。

在孩子小学四年级的时候的一篇日记后，我写了这样一段话："如果你也能够尽最大力量与伙伴一起努力，肯定能作出更优秀的作品。妈妈觉得很可惜，如果一个团队一起完成作品的时候，能够劝说缺乏凝聚力的伙伴加入到团队中来，也是一种广义的合作。从你的日记里能读出反省的意味，但你在埋怨那个伙伴之前有没有进行劝说呢？"在团队合作共同创作的时候，有一个伙伴不是很合作，孩子在日记中写下埋怨的话，于是，我写下了上面的那段。

假如让孩子坐在我面前,我把在日记结尾处写出的话以说教的口吻说给孩子听,孩子肯定会认为是在听妈妈唠叨,感到很厌烦。但是通过日记回顾自己的一天,妈妈不是通过唠叨,而是用充满爱意的文字来表达自己的意见,孩子则会很愉快地接受。

孩子们会因为小小的变化感到高兴。除了写评语,贴小贴画,我还在空白位置上画画。每当这么做的时候,孩子都高兴得乐开了花,猜测下一次妈妈会以何种方式写评语。

在孩子的日记后面坚持写下评语,我认为这是在编织我与孩子之间一生的爱的纽带。虽然常常因为工作和家务疲倦而不想面对日记本,但是,对我来说,这是维系妈妈和女儿、妈妈和儿子的珍贵关系的幸福时刻。尽管家庭记账簿的字体可能歪歪扭扭,然而对待孩子的日记的时候,我希望孩子能仿照妈妈端正的字体,因此我以最大的耐心,小心翼翼工工整整地书写。这是作为妈妈的神圣的作业。

Q39 老师已经检查日记,还写上评语,家长有必要再次查看吗?

给妈妈们作经验介绍时,我说,要给孩子们的日记后写评语,很多妈妈听了以后这样说:"在性格特质形成的小学阶段,指导孩子写日记会收获很多。所以,在学校的老师虽然在教学方法和程度上各有差异,但是,大部分对日记指导都很关注。甚至每天利用午休时间写评语,课间休息的时候也不休息,耐心给孩子们写评语。妈妈就不用再写了吧!"

现实的情况是每班30多名孩子,老师都一一给写评语不是很现实。需要做的工作有很多,坚持认真批阅学生的日记,还要考虑使用恰当的言语,难度可想而知。再加上是孩子们写的日记,有时会有哭笑不得的内容,光考虑写评语就要耗费30分钟的时间,有时还要安慰受了伤的幼小的心灵。所以，只依赖学校老师的真挚评语是不现实的。

孩子在读自己日记后的评语时，会觉得自己的情感和想法得到了理解，也能感受到关心和爱护。因此，孩子能够觉得记日记是一件快乐的事，也能真正感到幸福。我觉得这样的过程是学校老师无法代替的。能够做好这件事的只有妈妈。

而且，记日记是贯穿始终的一件事，每年随着教师更换，指导方式也跟着变化，每个老师都无法根据最初的计划进行指导。

妈妈也没有必要考虑自己写的文字老师会怎么看。老师不是检查妈妈是否认真教育孩子的检察官。老师是协助家长培养孩子的志同道合之人。孩子们是在家有妈妈，到学校有老师的，两者共同合力培养的我们的希望之树。

Tip 孩子过去的日记舍不得扔掉，一直保留着

只要是孩子的东西，妈妈都舍不得扔掉。不过要把所有东西都保管起来的话，空间也不够，最后，家里会成为一个垃圾站。我同样也会为这样的矛盾而苦恼。有时候，借口没能住上大房子，将孩子们做的东西展出几天后，就偷偷扔掉了。

但是，什么都能扔，只有日记不能扔。看着伴着孩子成长的日记本，里面写满孩子的想法，字体和文笔日渐成熟，心里想着"世上哪有比这还珍贵的成长记录啊"。我想把孩子们成长过程中用心书写的日记，作为自己的历史书保存下来。于是，我突发奇想，将孩子们的日记装订成册，做成书。

以每年为单位，做成一册，从小学一年级入学开始到毕业那年为止，计划写6年。

　　只要妈妈第一年把好关，下一年不用催，孩子也会很自觉地记日记。因为，想到要做成世界上独一无二的属于自己的历史书，孩子在激动之余会认为记日记是非常快乐的作业。

　　我把孩子记了一年的日记一共15本合在一起，把前后封皮摘掉，到印刷公司印刷制作。《白色的心情蓝色的梦》《心灵屋香气》《希望在成长的声音》《北极星孩子》《小巨人》《为了新开始的正确的句号》，这些是女儿6册日记书的题目。《独木桥》《大星星》《速度快的乌龟》《赢了的人》《青出于蓝》《充满快乐故事的世界》，这些是儿子日记书的题目。

　　我的孩子们认为自己最大的财富是日记书。对我来说，孩子们的日记书同样是世界上最珍贵的宝贝。

第4章

快乐的孩子，幸福的妈妈

40 孩子无时无刻不在提问，一一回答太吃力

坐着童车出来的小婴儿的表情，每个都充满了好奇。对孩子来说，这个世界是神奇的乐园。孩子从出生起就对世界上的任何事情都好奇，还想探索未知的世界。所以，有着学和熟练的意思的"学习"对于人类来说是每个人都有的本能和需求。可对于经过小学、初中、高中以考大学为目的学习的成年人来说，"学习是枯燥的"这个想法却占支配地位，同时，我认为孩子们也是这么想的。学习变得枯燥无趣是因为学习本身不是目的而成为了手段。只有学习才能升学，只有学习才能取得资格证，这样的想法导致学习已经不是一件幸福的事。学习本身变得快乐的时候，学习才会成为有趣的游戏。

孩子把学习当成快乐的事来做还是看做枯燥的劳动，全都取决于大人的态度。

如果丈夫对想给孩子买书的老婆大声叫喊"没必要那么早开始枯燥的学习"的话，那么，丈夫的话便在孩子心中种下了"学习是劳动"这个种子。相反，如果妈妈在孩子面前表现出世界是有趣的神奇的，越了解越愉快的样子，孩子也会跟着对这个世界充满好奇，眼睛发亮的。

比什么都重要的是，妈妈要尊重孩子无限的好奇心，培养他有问题马上问的习惯。妈妈要牢记，不管孩子提问的种类是什么，都要真挚地接受孩子们的提问。如果家长以"连这个都不知道"这样的话语刺激孩子或者"这孩子怎么老问这种问题"这样的话应答，相当于践踏孩子的好奇心和求知欲，会打击孩子继续提问的积极性的。就算孩子提出难以解释的问题，妈妈要将知道的部分仔细给孩子说明，并表现出要和孩子一起共同寻找答案，孩子则会感到来自妈妈那里的尊重。妈妈不需要为了回答孩子的问题，就成为掌握万能的全知博士。能够帮助孩子的不是妈妈的"知识"，而是"教育态度"。

我觉得对待小孩子的提问时最重要的是时刻面带微笑。答案是从我的常识范围内搜索，然后回答。这是为了让孩子感到对于自己的提问，妈妈是很认真在回答。等孩子稍大一点以后，我便不再直接回答孩子的提问了。只要孩子提问，我就会表扬孩子爱提问的精神。然后，找出能解决孩子问题的书籍，让孩子自己找出答案。

　　我不马上直接回答孩子问题是有很多原因的。一方面是我自己的能力有限，不可能回答所有问题，更重要的原因是我觉得直接回答孩子很容易遗忘，经过自己寻找答案的过程，可以额外地获取知识情报，通过书籍找到的答案会长时间留在记忆中。另外，因为我要在外长时间工作，陪孩子的时间比较少，要让孩子养成自己解决问题的习惯。

　　现在利用互联网搜索可以很容易得到答案，但在当时，只能利用百科全书。所以，我给孩子准备了从词典式百科全书到图册式百科全书，还有分学科的百科全书，教会孩子怎么使用，就是为了我不在的时候，孩子也能自己找到答案。

　　如果孩子的问题特别多，那么妈妈可以很自豪是一位好母亲了。那是因为在好妈妈的关心和鼓励下，孩子在天天进步着。如果孩子没有任何好奇心和疑问，妈妈们就要反省一下是不是自己在平时回答孩子提问的时候有些漫不经心了。

Q41 怎么教都不会,
孩子好像看起来很笨,怎么办呢?

　　我的父亲年过七十的时候还依然管理着我家的家庭账簿,从日常开销到出租房收入一个人包揽,一分钱的误差都没有过。我能记住的电话号码只有我家人的手机号码和家里座机号码,如果我把手机弄丢,我将和外界失去联系,但是,我的父亲如今都年过八十了,不但记着子女的手机号码,还能记住许多乡下亲戚和朋友们的电话。父亲年纪这么大还能保持这么好的记忆力,与父亲脑子很勤快,时时刻刻读书,思考问题密不可分。

　　所谓的笨是没有多动脑。大脑不是从外面扭动把手就可以乱转的机器,而是自己要努力运转起来的主观性工具。所以,想大脑聪明就要自己不断思考,多动脑筋。但是，这绝不是强求来的，要在孩子的内心燃起"动机"之火才可以。

我在不经意间写出《10岁前蜂蜜般的教育》这本书的时候，我的朋友比我还高兴，纷纷祝贺我。然后，说自己的孩子都已经是超过10岁的初、高中生，所以，威胁着让我快点写出《10岁后蜂蜜般的教育》。事实上，我在和很多孩子接触，做一些心理和学习方法的指导的时候，时常苦恼于找不到合适的方法挽救错过学习时期的孩子。在这种苦恼之余，我找到的方法是"反复学习"。通过反复，大脑这部机器不断运转，点火，启动，然后运转自如。

但是，有着同样问题的几个孩子集中到一个补习班里，停止的大脑机器重新运转是不太容易的。不是自觉启动机器的话，中下等成绩的孩子一瞬间就能提高进步不是容易的事。通过一对一的指导也很难。一般家教都是一周两次，最多也只有三次。一周两次，基本上是孩子的记忆仓库中的内容即将消失的时候再次学习。而且，对于记忆容量少的孩子来说，即使老师教得再好也不能全部记住。

最好的方法是每天少量地学习。但是，如果奢望家庭辅导老师每天来教一点内容之后再走，并不现实。因为，老师来一次要付的费用都是由妈妈来支付的，更大的问题是，很难找到一个辅导老师每天只教孩子能消化的容量。但是，我从网络视频教学中找到了对策。

网络视频授课是现代文明的利器，如果好好利用，对于10岁以前没有形成好习惯的孩子来说，是可以找到补救措施的。网络视频授课中，授课的人和听课的人在各自的电脑前，打开机器就可以互相看到，不需要往返路程的时间，不管相隔多远都没关系。只要准备摄像头和耳机就可以同在身边一样的效果。

实际上，有一个孩子就是依照我的想法做的。有一天，初中三年级的一个学生和妈妈一起来找我咨询。由于成绩不好，又跟不上进度，最近才刚刚有意识想要努力学习了。我考了考他，考试成绩表明，他无法独立完成学习。在征得孩子的同意以后，我决定进行网络视频授课。从决定的第二天起，我就每天早上6点在网上教这孩子半个小时的数学，坚持了一个月。

因为授课内容不多，消化起来很快，孩子能把当天学到的内容当天就完全吸收了。因为每天都坚持上课了，所以，也不用担心会把前一天的内容忘掉，进度很顺利展开了。

一个月后，孩子参加了学校的期中考试。考完试拿到成绩后，妈妈用非常激动的语气给我打来电话，感谢我的教育，孩子在考试中不是胡乱作答，而是第一次认真对待考试了。在那次考试中孩子得到50多分，但是，重要的不是成绩的高低，而是孩子努力完成考试这一点。我看到孩子的脸上写着"只要努力就一定行"的意志。

　　网络视频授课起源于无法互相面对面授课而萌生出来的一种形式，最好的授课方式，仍然是和老师面对面拿着书本学习。如果妈妈能做孩子的老师，即是最理想的。一天不落地每天坚持半小时和妈妈一起学习数学，再不爱动脑的孩子也会开窍，自我意志也会萌发的。当然，如果是初、高中生的话，妈妈教起来可能会吃力一点，如果是小孩子，妈妈完全可以胜任。选择相对简单的教材每天学习一点，孩子的自信心很快就会树立起来，并逐步增加自觉学习的意识。

42 看孩子做题就很着急，是不是教他走捷径更好呢？

我给一个小学生出了这样的填空题：（　）÷5=10，（　）÷6=8，10÷（　）=2。孩子马上写出了前两道题的答案，到了最后一道题的时候，孩子左思右想也想不出答案来，说道："如果前面有空，把后面的两个数相乘就可以了，那中间有空的话该怎么办呢？"孩子记住的是根据空的位置来计算的方法。

实际上，很多孩子都是不懂原理，单纯反复解题，将题像公式一样背下来的情况有很多。比这个还严重的问题是，教的人只教解题要领和方法。教孩子学习的时候最危险的是将必要的过程省略跳过后，急着往下一阶段走。

在人的身体发育过程中，从幼儿时期没有人为干涉，孩子自己经过自然的翻、坐、爬、走的过程成长是对大脑发育最好的。但是，孩子自从会爬开始，大人就怕他磕着碰着，早早地把孩子放进学步车里。所以，孩子得不到充分的爬的过程之后就直接开始走路了，这种情况下，相应的大脑发育受到干扰，在学说话的时候，发音会受影响。不论是身体上还是精神上，人在成长过程中，有着不能跳跃的顺序和过程。教育也是一样的。如果跳过必须经过的过程，那个空白日后会变成很大的漏洞来找你。

我在自己选择的习题集中，在解题的时候，从来没有跳过任何问题，最大限度忠实于教材。不能先告诉孩子捷径和快速解题法。不管是第一次学到的内容还是打基础的课程，我都没告诉过孩子任何要领。取而代之的是，反复解类似的题，充分练习以后，再对照实际事物来巩固。

例如解（　　）÷5=6这道题的时候，不会告诉孩子将5和6相乘，而是把围棋子分成5堆，每堆有6个棋子，然后让孩子数数看。画着圈圈，再数数棋子，孩子慢慢悟出"除数和商相乘就能得到被除数"的原理，只要搞清原理，不用每道题都数数，就可以得出答案。

为了学好数学而寻找捷径是不对的。就像做菜的时候，要把调料放进食材中加热，慢慢烹调，经过这样的过程才能作出美味的佳肴，学知识的时候也需要一定的过程。将解题过程按步骤学习，能够自己悟出"噢！这么做就可以了呀"的时候才能说是真正"知道"了。所以要牢记，虽然有些慢，但是一步一个脚印地走下去才能走得稳，速度提得更快。

看别人家的孩子学习成绩那么好，心里急得跟热锅上的蚂蚁似的

大女儿上初中的时候，有一次期中考试后，女儿从学校回来就对我说："妈妈，我们班某某真是太傻了。他的目标就是超过我。他这次也是第二名。但是，他有别的同学都很羡慕的好成绩，心情却很忧郁。我不会落后于他，那他岂不是要一直忧郁下去……这不是太傻了吗？我的目标就是我自己。终极目标分数当然是全百。我的目标至少是比上一次的平均成绩要提高，但是，我并不想超越谁。所以，我对别人的分数并不关心。如果有比我优秀的人，我会为他鼓掌祝贺，但是不会进行比较以后自己变得忧郁。"

一个孩子说的话，仿佛大彻大悟的人说出的话一样，所以，我至今记忆犹新。

我和女儿的想法一样。我从来没有和别人比较以后觉得自己不幸过。我刚结婚的时候只有一间房，当努力攒钱租住到三居室的时候，再后来终于有了属于自己的四居室房子的时候，我始终都是高高兴兴的，感到很幸福。有很多人比我早买房，早开上高级轿车，我没有嫉妒过，也从来不会因为心理不平衡而忧郁过。

我看着我的孩子的时候也是同样的心情。想到孩子天真的模样，没有一丝污染的纯净的状态，只是希望孩子"今天比昨天，明天比今天，一天天进步就好了"。

人人都有自己的特长和才能。学习成绩不好的人在其他方面会很突出。不能对所有人用同一把尺子衡量，比较后对相对的优越感到高兴，对相对的劣势感到伤心，这都是愚蠢的行为。

社会是各式各样的人共同营造的多样的集体。我们的孩子在社会的某一部分某一地方承担某一种职责，努力完成自己的使命就可以了。只是，妈妈不要忘记引导孩子不要停歇，不要后退，努力朝前走。

**想让孩子好好学习，
无奈小朋友们经常来访**

老大和老二上小学的时候，学校的同学几乎不到家里来做客。同班同学每到放学后都坐着校车回家，我们家孩子步行回家。很多孩子家离学校比较远，所以，要坐校车回家，没有时间去同学家做客，回到家以后就直接去各种补习班。因此，我的两个孩子显得关系格外亲近。一起玩儿，一起学习，住宅楼后的庭院被他们称为"秘密花园"，在那里高兴地嬉戏玩闹。每个星期除了练习两次钢琴以外，没有什么其他事情，所以，相对来说，时间很充裕。孩子们在玩闹之余也没有忘记我布置的所有事情，都很认真地完成了。

但是到了老三上小学的时候发生了意想不到的事情。我们家变成像老三那样放学后不去补习班的孩子

们的游戏场所了。我们家离学校最近，家里又有亲切的阿姨，更吸引他们的是，从哥哥姐姐看过的书到各种玩具应有尽有。

我深知10岁以前是学习习惯养成的重要时期，但是，看着每天都只顾和同学玩儿，把家里弄得乱七八糟的老三，我总觉得该想想办法了，但又觉得"现在不玩儿，什么时候能玩儿呢"，看着他和小伙伴打成一片，也就放手没管了。这也是因为老三在朋友们走了之后，把我布置的日记和读书的任务都完成得很好，所以，我想让孩子适当地放松。虽这样想着，我心中仍是有隐隐担心。

有一天中午回家，一群小伙伴从房间里出来跟我打招呼。我当时就感觉不能再这样下去了。和朋友们一起玩儿固然重要，但是，孩子的学习时间也要有保障。可面对像雏鸡一样可爱的孩子们，我实在是说不出不让他们来的话，于是，我想了一个主意："孩子们，咱们来一个数学竞赛吧。好，都准备好铅笔……"孩子们面面相觑，不知如何是好，过了一会儿每个人都找来一支笔，找到位置坐下了。客厅茶几处一人，客厅饭桌上一人，老三桌子处一人，老三房间茶几处一人。我找出以前给老三准备的一套有30个问题的竞赛试卷，打印出4份给孩子们。他们都很认真地做。

实际上，我的主意是想以考试的方式让孩子们有"不能再来了，来了要考试"这样的想法。我要拯救整天只顾着和朋友玩儿而看书时间减少的老三，没法直接说出让孩子们不要再来的话，想让孩子们自己说出来，这样才有了这个主意，也是没有办法的办法。作为大人，这样做多少有些投机取巧、卑鄙，但是，在我看来是个有些小聪明的方案。

但是，我失策了，看到孩子们认真答题的样子太可爱了，忍不住大大地奖赏了他们。"一共30道题，要是答对15题以上就奖励冰淇淋。"50分就能吃到冰淇淋，真是甜蜜的条件，孩子们更加卖力气地做题。考虑到小孩子会因成绩不好而伤害，得分情况没有公开。我偷偷看了看孩子们的答题情况，没有特别突出的，都差不多。我把孩子们全都做错的那几道题作为重点讲了讲答案，然后给孩子们买了冰淇淋。没想到，孩子们问："什么时候还考试啊？"我的作战计划完全失败。看着高兴地吃着冰淇淋的孩子们，我想到了一个蒲公英的故事。

有一个男子，他的爱好就是把庭院装扮得美丽，但是，他的庭院里不断有蒲公英长出来，怎么拔都拔不完。他认为蒲公英是杂草，想尽一切办法要除掉蒲公英，但是，无论他怎么努力都消除不了。于是，他找到贤者。听到他的经历，贤者这样说道："不要只想着除掉蒲公英,在您的庭院开辟一个角落,好好养养吧。"他按照贤者的话,准备接纳蒲公英,在庭院一处开辟出一块空地种上了蒲公英,不久庭院因为黄黄嫩嫩的蒲公英而更加漂亮。

从那天以后,我回到家的时候,就会教孩子们每人一句英语,还让他们看书,要求他们看完书再玩儿,他们都乖乖地照着做了。孩子们还自觉地练习打字,比较成绩,再后来还有人拿过打字优胜者奖状呢。

孩子就是一张空白的图画纸,在于大人在上面怎样描绘。只要教孩子们玩儿的方法就可以了,想想起初光想着怎么保障孩子的学习时间,真是傻。如果我将蒲公英揽入怀中,我的孩子也会是别人庭院中的一朵美丽的蒲公英,这是原来我没有想到的。我再一次下决心,绝对不要拿眼前的教育利益来衡量教育结果。

跟孩子一起玩儿就会把家弄得乱七八糟

我经常遇到妈妈抱怨说整天追着孩子屁股后跑,累得什么也做不了了。特别对于有洁癖的妈妈来说,孩子在家里乱跑乱闹,很是苦恼。在孩子成长过程中,能忍受孩子适度的不整齐、不安静是好的。不受任何干涉和制止,自己想做什么就做什么的话,孩子的创造力和集中力也会得到锻炼。

我在养育年龄相差一岁的3个孩子的过程中,开始的时候,整天追着孩子们整理,感到非常辛苦。后来,我想出的作战方案便是"和孩子一起玩儿"。如果躲不掉就尽情享受吧,我不想有太大压力,所以,就想着干脆跟孩子们一道玩起来吧。于是,我匆忙上阵,换着花样和孩子一起玩儿。

看着看着书,我就忽然提议:"咱们唱歌吧!"孩子们听了都很高兴。我坐在阁楼上,弹着吉他,说:"孩子们,现在妈妈要给你们唱歌,鼓掌!"两个孩子就呱呱呱鼓起掌来。丈夫快下班的时候,我就大喊:"爸爸快下班了,我们一起打扫卫生吧!"这样我就和孩子们很快把家里整理了一遍。吃午饭前一次,爸爸下班前一次,这样每天固定时间打扫,其他时间就尽情地玩闹,这样,我也不那么辛苦了。

孩子们会不停地画画,不停地做手工。不管是贴画书还是白纸,只要看到了,就胡乱画一气,那些画,我舍不得扔,一张张贴到墙上。即便偶尔也有扔的时候,也会背着孩子偷偷扔。不知道为什么总有种感觉,好像孩子们在监视妈妈如何处置他们珍贵的宝物一样。

在你认为我没有看你的时候
佚名

在你认为我没有看你的时候,
我看到你把我的第一幅画贴在冰箱门上,
所以,我还想继续画别的画。

在你认为我没有看你的时候,

我看到你在照顾没有主人的流浪狗，
所以，我知道了关爱动物是一件好事。

在你认为我没有看你的时候，
我听到了你祈祷的声音，
所以，我知道了神是存在的，
而且可以时常与神对话。

在你认为我没有看你的时候，
我看到了你在我熟睡的脸上留下一个吻，
所以，我知道了你是爱我的。

在你认为我没有看你的时候，
我看到了你的眼中有泪水，
所以，我知道了有时候活着很累，哭不是一件坏事。

在你认为我没有看你的时候，
我看到了你在担心我，
所以 ，我希望我梦想成真。

在你认为我没有看你的时候，
我看到了，
所以，在你认为我没有看你的时候，我想对所有

我看到的表示由衷的感谢。

和孩子一起用彩色纸张做完手工后，我不能直接扔掉已经脏了的作品。买了双面胶以后，我把作品贴在空白本子上，让孩子们在空余的地方再画些画，既练习了孩子的绘画能力，也提高了整体构思的思维能力。将孩子们的作品整理出来，能让孩子们有成就感。

孩子们成长得很快。快上幼儿园的时候就可以整理自己刚刚玩儿过的地方。这种整理也是一种学习，需要指导。只是，没有必要过于要求整齐，这会阻碍孩子的想象力和创造力。把童话书扔得满屋子都是，堆积木、盖房子，在客人来之前全都收拾起来吧。比起能让人怀疑是否有孩子的家庭，墙上贴满东西，冰箱门上和镜子前也满是孩子作品的家庭，更有利于培养感情丰富的孩子。和孩子们一起玩儿吧。我想劝妈妈们，也乘着时空飞船回到儿时，成为孩子们的伙伴，一起尽情享受幸福时光吧。

孩子还能跟得上学校的教学进度，是不是不用太担心？

 没有哪个孩子觉得上小学一年级的时候数学难学，没有哪个孩子觉得上初中一年级的时候英语难学。因为孩子学习能力较弱来找我咨询的家长说，孩子在小学低年级的时候，并没有觉得数学难。家长稍微用心观察也会发现，小学低年级的数学教材基本没有什么难度。

但是，不能因为孩子能跟上学校的进度就满足了。学习是阶段性的，每个阶段之间又有着紧密联系，不能在某一阶段一下子加大难度，这样基础学习会不扎实，也有可能跟不上。

大女儿刚升入小学一年级的时候，班里有个同学家长特别用心。这个同学好像也受到妈妈影响，各方面都很突出。相反，我因为要上班，所以，把孩子全交给学校，只是给她准备一些学习用品，也可能是因为这样，孩子在小学一年级的时候，表现极其普通。但是，回到家，女儿可以做小学三年级的数学题，那时候，在学校只学十以内的加减法。每天读童话书、做数学题的孩子和在学校成绩好的孩子比较，开始的时候并不是很明显。所以，很多人说，孩子小学低年级的成绩是妈妈的实力。只要妈妈用心，孩子没有不行的。而渐渐显出差别是在小学四年级以后。

刚入学的时候，在别人眼中并不突出的女儿，越升入高年级越引人注目，各方面表现都很优秀，很多妈妈都追问她是在哪儿补习的，听说女儿除了钢琴学习以外从不去补习班，都是一个人自学，他们感到很惊讶。比起自觉学习的孩子，托妈妈福的孩子们渐渐落后了。

冰山露出水面的部分并不是它的全部。藏在水下的看不到的部分，大小各异，等到水量逐渐减少，冰山才能露出它的全部。在养育孩子的过程中，我时常想着冰山。我希望把孩子养成水下部分巨大牢固的不容易摇晃的基础实力扎实的孩子。

冰山下部分壮大的孩子们，在看不到的水面下养成有体系的学习习惯和读书习惯，时间之水流逝之后，就能看到以强大的面貌浮出水面。

正如长跑需要有体力支撑一样，要完成像长跑一样的学习，需要丢掉鼠目寸光。不要满足于短期的结果，有必要作好规划，持续发展。任何时候努力学习都是很重要的。

Tip 头脑也会遗传吗？

我是典型的努力型，接受任何东西都比较慢，也不想放弃刚刚收进脑子里的东西，所以会付出比别人更多的努力。为了将好不容易掌握的知识移到长期储存的记忆仓库中去，必要的作业就是反复。好像只要这么做，就不会听到别人嘲笑我笨。丈夫脑子比我灵一点，但是，并不比我优秀。结果是头脑普通的爸爸妈妈培养出了智商不低的孩子，可见，智商不是遗传的。智商完全可以靠后天努力开发。

就像前面说过的一样，在头脑和努力中，努力更重要。当然，拥有付出同样努力，能带来更好结果的头脑，是一件值得祝福的事儿。教孩子的时候，总会遇到令人惋惜的事情：孩子终于懂事了、想学习了，可是，成绩怎么都上不去。这时，比起妈妈或者老师更加发愁难受的人是孩子自己。

就像吃苹果根据时间不同效果就不同一样,对孩子的教育也需要在特定的时期开发特定的智能。人的大脑在10岁以前能开发出80%左右。在这之后的努力,虽然也能开发智力,但效果却不是很明显。我希望把我的孩子培养成头脑聪明的孩子。我查阅相关书籍并实践着。

智力开发的方法远比想象中简单。一句话,就是不断刺激孩子的大脑。打个比方就是,为了开垦荒地而进行锄地。大脑被开垦得好会成为肥沃的土地,每一粒种子都会生长、发芽、开花。相反,没有开垦好的荒地,即使种上知识的种子也不会发芽。多看、多听、多接触、多闻味道、多品尝,即总动员五感,使大脑得到充分的刺激,这是智能开发的核心。

我在孩子很小的时候,经常给孩子唱歌。换尿布的时候也温柔地对孩子说话,捏捏小手、小脚和屁股。等孩子会抬头、扭头的时候,给他看各种图画书,还讲故事给孩子听。孩子再长大一点的时候,对他可以称为第二大脑的和大脑有着密切关联的手指进行锻炼,尽可能地多让孩子玩儿撕纸片、剪纸等手工,还让孩子玩儿积木。

为了把孩子培养成聪明的孩子,妈妈们要牢记时常给孩子思考的素材。我给孩子读诗,然后,让孩子猜诗的题目;和孩子一起轮流编故事,这些都是为了培养孩子的创造力和爆发力。

　　有科学研究表明，绝大多数人直到死亡时只使用了自己不到5%的脑容量。对有着无限开发可能性的孩子大脑，用关爱和真挚做锄，那么，任何一颗种子都会茁壮成长的。这是妈妈们需要研究的课题。

人性教育要怎么做？

孩子受伤或者生病的时候，妈妈们往往会这样说："比学习更重要的是健康。赶快休息吧，别光想着学习。"但是，当孩子完全康复的时候，妈妈们好像没有说过那样的话一样，追着孩子让孩子学习。但是，这说明在妈妈们的心中有"健康是基本要素"这个前提条件做基础，尽管催着"学习学习"，事实上，谁都知道比学习更重要的是健康。如果孩子有先天性疾病或者受重伤住院，妈妈的想法就会是"孩子健康就好，学习耽误一点没什么"。

人性教育也是一样的道理。妈妈们平时不会太在意对孩子进行人性教育，也从来不会认为自己的孩子会成为问题儿。但是，现实的情况是，相当多的妈妈感觉孩子在某一天突然变坏而无法抑制内心的痛苦。对于这样孩子的妈妈来说，学习就不是很重要的事儿了。这样看来，如果要排列顺序的话，应该是健康最重要，其次是正直的品格，最后才是学习。

让孩子拥有良好人性的重要条件是，妈妈作出正确的表率。如果妈妈像螃蟹一样横着走，怎么能要求孩子直着走呢？这不是正确的教育，妈妈具有良好的道德表现对孩子来说才是最重要的人性教育。

记得孩子在上小学时候的一个星期天，我和孩子一起乘坐公共汽车回家。正好有个座位，座位上却有一个钱包。肯定是谁不小心丢的。我犹豫了一下是不是要交给公共汽车司机，后来想想，还是自己找到失主还给他吧，然后，我拿着那个钱包下车了。回到家打开一看，里面有身份证、信用卡、公交卡，还有7万元现金。我把买的东西放好后，就拉着孩子的手，按照身份证上的地址去找失主了。那时候，不像现在有汽车导航仪，我也不会开车，很不方便，大热天拉着孩子的手，挨个儿问房产中介公司，真的很辛苦。辛苦的结果是我们找到了钱包的主人。丢钱包的人正发愁呢，见到我拿着钱包出现，简直激动得不得了。

那天，我完全可以一个人去，坚持带孩子去是因为想给孩子上一堂生动的教育课，想让孩子看到对待丢失钱包非常焦急的人的关怀体谅之心。当天，孩子在日记中记下了自己和妈妈的这一善举，还表达出非常自豪的心情。言传身教是最好的教育。

　　小的时候读的书也会成为培养良好品行的不错的工具。比起趣味性强、以娱乐为主的书籍，具有善恶概念的古代童话故事或者历经苦难和逆境而崛起的伟人的故事都是不错的选择。孩子们喜欢模仿，故事主人公的正直和意志力会直接成为孩子模仿的对象。

　　小树苗没有得到及时矫正，任意成长的话，就会歪歪扭扭长不成笔直的树干。如果已经养成不良习惯，再想改正就非常困难，还需要花费大量的时间、精力，一不小心就会折枝。有的妈妈忽略了孩子教育问题，哪天觉得孩子有些问题，想要进行教育的时候，孩子已学会躲避，甚至离家出走。现实生活中，确实存在一些初、高中生的妈妈觉得孩子学习不好也没什么大不了，只要平安无事能每天回家就好。

　　对子女的人性教育确实是应该比对学习更重视的教育。在孩子10岁以前不光要重视养成开发智力的学习习惯，还要从一点一滴规划好孩子的人性教育。具有健康的体魄，良好的人性，学习成绩再好一些，就没有比这更优秀的孩子了。

48　想让兄妹们好好相处，但是太难了

　　一个家庭的兄弟姐妹能和睦相处是做妈妈的希望之一。但是，从有了自我意识之后，孩子们就会吵架，这是很自然的现象。所以，做妈妈的不能逢吵必管。如果吵得太凶，或者有可能给对方伤害，就需要妈妈介入，大多数时候，要让兄弟姐妹自己理解处理，妈妈装作不知道。健全的冲突可以使彼此更加了解，养成遇事考虑周全的行为能力。

　　我家孩子年龄差距不大，又都有很强的个性，他们之间经常有冲突。孩子们在上小学之前的某一天，我在厨房做饭，刚刚还在客厅一起玩儿得高兴的孩子们突然大声叫嚷。我仔细一听，原来起因很简单。儿子听医生说感冒的时候绝对不要吃冰淇淋，可是，看

到姐姐从冰箱里拿出冰淇淋吃，正在感冒的弟弟就跟姐姐耍赖了。"姐姐不准吃冰淇淋！你吃，我也想吃了！"姐姐听了之后哭笑不得，对耍赖的弟弟批评起来，两个人你一句我一句地就吵起来了。

我被孩子们的吵架声吓了一跳。姐弟俩谁也不让着谁，谁也不肯服输，但是，各自都有各自的理由。

没过一会儿，姐姐把冰淇淋又放进冰箱里，不知道是因为弟弟的反驳强硬还是作为姐姐对生病的弟弟缺乏理解而自责，她好像下结论一样对弟弟说："那好吧，下次我生病的时候，你没生病，你也不能吃冰淇淋，可以吗？"弟弟当然点头同意，两个人继续玩刚才的游戏。我悄悄把女儿叫到一旁，告诉她关心别人的重要性，女儿也对我说，刚才自己没有考虑到弟弟的感受，只想着自己了。

妈妈要倾听每一个孩子的心声，起到连接兄弟姐妹之间感情的纽带作用。我对刚修学旅行回来的女儿说："弟弟可想姐姐了。"女儿笑得特别开心。我从冰箱里拿出炸鸡翅给弟弟，然后说："我让你姐姐吃，姐姐说，弟弟喜欢，她不吃也可以，给弟弟留着吧。"弟弟听后，非常感激姐姐。做妈妈的要对每个孩子都说一些能够让他们互相感动的话，稍微夸张一点也没关系，目的是让彼此感觉到对方的关心和爱护，这也是做妈妈的智慧。

孩子们虽然偶尔会吵架，但是并不妨碍孩子们说着只有他们自己才能听懂的故事，成长为关系和睦的姐弟。和妈妈一起做游戏的时候是竞争对象，在妈妈的吉他伴奏下分声部合唱童谣时是合唱队成员，给院子起名字叫"秘密花园"后在院子里打闹玩耍时是朋友。孩子们也许是在妈妈忙着上班不在家的时候，共同相处，编织回忆，关系更加亲密。比起与妈妈相处的时间，姐弟之间相处时间会更长，如何使他们互相依赖、信任，和谐相处，是做妈妈的需要面对的一个重要课题。

想把孩子教育成关爱朋友的孩子

　　每个妈妈都盼望自己的孩子不光学习好,并且温和善良。我也是这样。看着孩子们写的日记,苦恼于写什么样的评语才能在孩子的心田中生出积极和充满希望的芽,所以,仅仅是两行字,也要绞尽脑汁好久才写好。

　　但是,再好的话语如果与行动不一致,也很难得到教育效果。孩子渴望得到什么的时候,妈妈直接表现出来,这在子女教育中是重要的指南针。若想把孩子培养成关爱朋友的孩子,妈妈就要表现出关爱的样子。

　　老三在刚入学不久以后发生了一件事。老三的家长联系本上写着要准备一个小镜子,我正好在看《美好生活》杂志,上面就有关于用小镜子照着自己画自画像的内容。我在老三的书包里多放了一个小镜子，然后说："如果有没带小镜子来的同学，就借给他吧。"虽然对我的孩子来说有些小麻烦，但是，一想到没有带小镜子就无法正常进行课堂活动的孩子，多带一个对某一个孩子来说是非常重要的。老三好像读懂了我的想法，高兴地说："知道了，妈妈。"

虽然我没有对老三说，但是，我心中已经有人选了，是老三入学的时候认识的第一个朋友，目光善良，长得不错，两个孩子一下子就成为好朋友了。在开家长会的时候，那个孩子不是妈妈而是爸爸来参加的。因为老三与这个孩子是同桌，我和这个同学的爸爸坐在了一起。我问："是不是妈妈很忙啊？""啊，噢，他没有妈妈。"听到这个回答，我的心咯噔一下，然后心里面生出感激。感激的是，看起来比我弟弟还小的年轻爸爸这么直率地说出来，他还说"和你儿子成为同桌，我儿子很高兴"。

这位爸爸在学校午餐分餐的时候过来帮忙，还积极参加学校的各种活动，我真想帮帮他。所以，在学校留作业需要准备什么东西的时候，担心那孩子忘了带，总会让老三多带一份，有特别重要的作业的时候，还打电话提醒。主要是考虑到工作到很晚的爸爸没有妈妈细心。

老三带去的小镜子果然起到了作用。"妈妈，你知道吗？我有两个同学用了那个多带去的小镜子，如果没多带一个的话，就要三个人照一个镜子了，我也可能画不好了。"孩子对我报以非常感谢的微笑。

孩子们的同学就像我自己的孩子一样，都那么漂亮，那么可爱。可能因为我自己就是职场妈妈，所以对职场妈妈的孩子有着更多的关爱。脑容量本来就小，还要工作，肯定有来不及给孩子准备学习用品的时候，因此，"每次都多带一份"成了我的习惯。

如果将我的爱心传递的老三和接受我关爱的同学能够因此"互相关爱"，那么，没有比这个更好的了。想象老三拿出学习用品给没有带的同学，两个人脸上都带着笑容的样子，我深深感到，其实关心和爱护并不遥远。

表扬和批评在什么时候、怎么做才有效呢？

不管是表扬还是批评，家长的目的是相同的，都是为了孩子好。决定在教育孩子时使用哪种方法之前，要想清楚教育孩子的目的是什么，给他引导到何处。

在孩子步入正轨，养成自觉学习的习惯之前，还是要以表扬为主。例如，如果从年初开始就和孩子定好了每天写日记的计划，那最重要的使是孩子按照制定的计划每天坚持写日记，而不必过分在意日记的内容。一行也好，两行也好，字迹乱也好，妈妈都要鼓励他比前一天进步了。

当孩子从记日记的准备阶段升到深化阶段的时候，为了更大的进步，妈妈可以适当地进行指责。但是，也要以表扬作辅助。做得好的方面进行表扬，同时指出某些部分再补充一点就会变得更优秀。尚未熟悉所练习的科目之前，应该以表扬为主，使之熟练，一旦步入正轨以后，适当地加以指责，使之得到发展。

需要注意的是，表扬要有充分的根据。没有特别适当的理由，还模棱两可地进行表扬得会使这种表扬失去最初的目的。而且，从孩子的角度上来说，做到那种程度就能受到表扬，那以后只做到那种程度就可以了，就很难带来更大的进步。例如，孩子写的字并不好看，但是，家长却大加赞赏，孩子就会觉得写成现在这样就行了，就会不思进取了。

不止学习，在其他行为方面的批评和指责也是一样的。孩子还没有完全养成良好习惯，反复失误的时候，家长没有鼓励，只有批评指责，孩子就不可能养成良好的习惯。为了孩子养成良好的生活习惯和品行，首先要换位思考一下，要降低难度，多引导。等孩子熟悉了一段时间以后，再加以指责也不迟。

孩子有时候也需要严加管教。道德上是错误的，或者给别人带来伤害的行为是要严厉批评的。要反复告诉孩子妈妈最不喜欢的言语和行为，只要看到那种言语和行为，就马上变脸，进行批评是最有效的。越是平时亲切和蔼的妈妈，变脸批评的时候越能给孩子强调"那种言行是真的不可以再做的"。

我不喜欢孩子在我面前说"我不会"，我努力使孩子至少不在我面前说出这句话。我告诉孩子们，在这个世界上惟有两件事是以人类的努力完成不了的：一个是阻止"死亡"，另外就是现代医学解决不了的"不治之症"。除此以外，不管什么事都可以通过人类的意志力和努力完成，我希望我的孩子跟我拥有同样的信念，然后付诸于实践。

　　此外在行为习惯方面，我特别强调的是"家庭和睦"和"正直"。和公婆一起住的我们是一个七口之家的大家庭，虽然不是非常富有，但是，时常充满欢声笑语。有家庭聚会的时候，不是特别重要的理由不能不参加；另外，对长辈有不礼貌的行为的时候，要接受严重的批评警告。孩子们对妈妈渴望家庭永远和睦的夙愿很是赞同。

　　此外，我对孩子们明令禁止的地方还有他们对待他人的态度，比如孩子面对他人的先天缺陷进行攻击和歧视的话，我决不轻饶，不允许孩子们对穷人、残疾人、相貌丑陋的人作出看不起的表情或说出歧视的话。

　　适当的批评是应该的，但是，要在表扬的基础上，才是有效的。以爱为基础的批评才能成为正确的教育。不要忘记在子女教育问题上最重要和可靠的武器是表扬。

孩子在别人面前会害怕,怎么办?

在孩子的幼儿时期,我教他们婴幼儿童谣;上幼儿园的时候,我教了创作型童谣。教童谣的目的有很多个。首先是因为,童谣的节奏感很美,有助于培养孩子的表现力。同时我也希望孩子们在听到优美的歌词的时候,美化心灵,成长为拥有善良之心的孩子。

在笔记本上记下要教的童谣,在空白处画点画。偶尔,丈夫也露一手绘画才能。我也在孩子的笔记本上涂上色彩,好像又回到了儿时,很幸福。有着全家智慧结晶的这本童谣集,在全家人外出游玩的时候,成为必带的物品。

我先教孩子们唱,然后,再让孩子们在全家人面前表演。悠闲的晚饭后时光,我就会对大家说:

"来,咱们大家在晚饭后到客厅聚一下。有演唱会。"公婆和丈夫,还有孩子们全都到客厅了。于是,我说道:"现在开始进行第五届童谣演唱会。请一号参赛选手上台表演。"大女儿走到前面来。我把拳头假装成麦克风放到孩子嘴边说:"请问您来自哪里,怎么称呼呢?"面对妈妈若无其事的演技,孩子竟然大大方方地说出住址和姓名。"请问您带来的歌曲是什么?"孩子好像在回答陌生人的问话一样,一字一句地说。我向观众征集掌声,公婆和丈夫拼命鼓掌。对参赛选手二号也是同等待遇。

在语文学习中比较重要的部分就是在别人面前表达自己想法的能力。我相信这个能力可以通过在妈妈面前唱歌、背童谣得到锻炼。事实证明我的想法是正确的。大女儿在首尔市诗朗诵大会上,一点都没有怯场,就像在家人面前朗诵一样,声音和表情都充满自信。

觉得自己不起眼的时候

闭上眼睛,试一次吧
紧闭双眼数二十下
堵上耳朵,试一次吧
堵紧耳朵数二十下

> 紧闭双唇，试一次吧
> 闭紧嘴巴少说十句
> 想看吗？
> 想听吗？
> 想说吧？
> 你真是一个幸福多多的孩子
> 因为能够享受这美丽的世界啊
> 你把这点忘了，真是个小傻瓜啊……

　　她还不忘最后加上"谢谢"，镇定自如地朗诵完这首诗的小小朗诵家获了奖。这充分证明了，听众不管是5人还是500人，效果都是一样的。

　　如果有妈妈在想要培养孩子表达能力的时候首先想到的是演讲补习班，那么，我想劝这样的妈妈：妈妈做主持人，像过家家一样进行儿童诗歌大会或者童谣大会，在观众席上，把手掌宽厚的爸爸任命为拉拉队队长，这样的效果可能会更好哦！

不如意的时候，孩子会不会失望或者受挫呢？

我从来都没有想过要把孩子培养成英才。我深知什么才是孩子一生的财富，作为妈妈应该为了帮他准备而努力。那是能够将周边的信息正确地接纳、理解的能力，以这个能力为基础，解决自己面临的问题的力量。不过头脑聪明对于获得这些能力还是有利的，所以，我也想把孩子培养成智商高能力强的孩子。

可能是因为这样吧，我的孩子们说话早，识字和数字都早，想法也比同龄人多，经常听到有人说我们家孩子比同龄孩子显成熟。但我还是有些担心，孩子会不会因为自己比别人早熟而觉得自己是很了不起的人，某一天走上社会之后会不会因为这一点而遇到挫折。

孩子在无菌环境下成长是最理想的，但这是不可能的。为了让孩子能战胜细菌，要给孩子打预防针。我因此想到，为了培养孩子，就像打预防针一样，要提前给孩子制造挫折。所以，我让孩子只要有机会就参加各种比赛：数学竞赛、作文大赛、诗朗诵大赛，和很多孩子一起竞争。

与此同时，时刻提醒孩子们"不要对结果太看重，不论是什么样的结果，我们都要感到满意"。我觉得，孩子以好成绩获奖的时候可以获得自信心；成绩不好的时候会让孩子觉得有很多人比自己能力强，自然会有要更加努力的想法。事实上，孩子们也是，有的时候成绩好，有的时候不理想，正如妈妈所想，没有感到很受打击，也没有失望，更没有自满。

韩国少年日报社每年举行全国小学生日记展，第一次参赛的时候，大女儿获鼓励奖。女儿能在全国大会上获奖，我已经很满意了，但是，女儿不满足，意识到有比自己更努力的孩子，从此加倍努力认真记日记，第二年拿到了全国三等奖。

即使结果不好，也没有太大动摇。如果孩子们看出我担心他们因不好的成绩而气馁，反而会安慰我说："妈妈，不用担心！我们不是有那个吗？I am disappointed, but I am not discouraged.（我失望，但是我不气馁！）"这是我在高中阶段学习英语的时候发现的句子，后来成为我的座右铭，每当遇到成绩不好的时候，都用它鼓励自己安慰自己，我也给孩子们反复说，不知不觉，他们也常用这句话来鼓励自己了。

　　孩子们和我，还有丈夫都在努力着，只是有时面对不好的结果时，对自己稍稍有些失望，但是，绝对不失去继续进取的勇气。因为这世上没有哪个人是完美无缺的。经历过失败，人类才能不断完善自我。重要的是分析失败原因，谦虚地看待结果，为了达到下个目标而努力。所以，为了使孩子们不成为在失败面前屈服的懦弱孩子，我自己要作出表率。

听说，比起书本学习，
在大自然中嬉戏的教育更重要

 从孩子很小的时候开始，我就教他们识字和数字，知道的人都说我是过于看重学习的妈妈，因此就误以为我不重视孩子与大自然的亲近。其实不然。我当初教孩子识字和数字，并不是单纯以"学习"为目的，而是为了给孩子找合适的"游戏"。

我知道孩子从小在大自然中嬉戏，不论是对精神上还是身体，都是非常有益的。在我小时候，家附近就是蓝蓝的东海，小学校又是三面环山的环境，这些成为我成长中的养分。

但是，不能因为觉得在大自然中玩耍重要而忽略其他学习，毕竟孩子将来不能只生活在自然中，顺其自然会导致孩子未来的路比较辛苦。

孩子成长的不同时期应有"特定的教育"。结合孩子的成长阶段，加以适当的教育，效果会加倍显现。特别是孩子小的时候，不论身体还是大脑都是快速发展的时期，给予充分的刺激是比较好的。所以，妈妈的啰嗦和诵读童谣很自然地成为对孩子的语言刺激，对智力开发也很有好处。结合孩子的智力开发有必要补充适当的游戏和刺激性学习。

相反，孩子只顾在大自然中玩闹的话，妈妈们会担心他落后于别的孩子。"在大自然中嬉戏"，与其理解成字面意思的在自然中玩耍，不如把这看成是为了减轻孩子的压力而在学习之余放松的一个手段。这种环境如果是有着绿绿的草，和能脚踩的软绵绵的沙子，就更好不过了。重要的是，不让孩子在妈妈的强迫下进行被动学习，而是积极给孩子创造，让孩子能够感觉到乐趣的充满蜜味儿的学习环境。

在养育老大、老二的时候，我们运气比较好，住在首尔这个繁华的都市中一个像乡下小村落一样的庭院中，能够闻着泥土的香气生活。但是，搬家以后，好似进入钢筋水泥的丛林中一样，想想老三就觉得可怜。这样过了一段时间，终于在今年初春的时候梦想成真，搬家到距离首尔不算远而且空气很清新的地方。

我们的新家从客厅望去全是山，美得像一幅画一样，周围的人却总担心老三的教育问题。可我觉得没有任何问题。因为我相信，读很多书，在自然中嬉戏，没有比这更好的小学教育了。只要掌握基本要领，不管在哪儿学习，都会有自觉完成的态度的。

Tip 牙齿松动，
孩子会感到害怕而不说话

老三像我一样胆子比较小。他的牙齿松动，他感到害怕而不告诉我。我不可能天天掰开孩子的嘴巴看，于是就想了个主意。

我给孩子讲了个故事：如果把掉了的牙齿放在枕头下面许愿的话，牙齿妖精会把牙齿取走同时放下一个小礼物。从那天开始，老三就天天来跟我说牙齿松动的程度，很期待牙齿掉落。很奇怪的是，老三更喜欢姐姐给拔牙。姐姐给弟弟拔牙的时候，就悄悄问弟弟想要什么礼物，然后再打电话告诉我，我下班的时候就买回来。用这种方法，我们轻松地度过了孩子的换牙期。

在养育孩子的过程中，适当地耍点"小聪明"，可以诱导孩子养成很多好习惯。在日记结尾处续写部分，会成为坚持记日记的动力；留下每天作业，完成得好就给贴上小贴画……这些都是不错的方法。

如何保护孩子的童心，同时还能实现妈妈的意图，那需要尽情发挥妈妈的智慧！育儿绝不是单纯累人的活儿，而是一项甜蜜的事业。

第5章

创造一个有利的学习环境

现在的环境不适合养育孩子

有一位患者得了不治之症。碰身体的任何一个部位都会疼。按眼睛，眼睛疼；按鼻子，鼻子疼；按头，头疼。眼科、耳鼻喉科、神经外科，全都查遍了，但是，原因不得而知。终于有一个医生找出问题所在。原因在患者的手指头上。手指头受伤了，当然按哪儿都会疼。戴黑色眼镜的人，世界是一片黑暗；戴红色眼镜的人，世界红彤彤一片。我所看到的对我不利的环境，是我的心驱使我那样看的。

经济上宽裕，和孩子在一起的时间也充裕，要照看的子女也少，丈夫也积极配合家庭教育，在这种环境下，养育孩子是很轻松的一件事。但是，如果认为不具备这样的条件就会妨碍孩子的成长，那我就不具备这样的条件，按理说，应该把孩子带得不像样子才对。

我家里经济上算小康，因为要工作和孩子在一起的时间也没有多少。人人都挤破脑袋想进教育环境优越的江南区，而我们不可能把家搬到那里。要照看的孩子有3个，丈夫整天说"孩子每天喂口饭，其余的都不用管"，对孩子的教育漠不关心。再加上我是大家族的大儿媳，和公婆生活在一起，想要去哪儿都要看脸色，家务活儿也是很占用时间和精力的。在爱发牢骚的妈妈看来，我所处的环境是非常不利于孩子成长的。

但是，只要坚持一个原则，再不利的环境也不影响正确养育孩子，我对这一点很有自信。那就是，妈妈要有好好培养孩子的超强意志力和热情，还要有对孩子的关爱。

妈妈的爱比太阳光还热，可以燃烧掉任何不利的恶劣条件；妈妈的爱比台风还猛烈，可以刮走任何障碍物。每次进行讲座的时候，我都会对年轻妈妈们这样说：没有人所处的环境比我更差了，所以，只要付出比我还多的热情和爱，就一定可以比我做得更好。

55 看到孩子傻呆呆地看着电视就着急上火

很多妈妈和我当初一样,没有整日照看孩子的时间,常常因为"时间贫穷"而苦恼。但是,我没有因为想弥补陪孩子的时间而放弃工作回家的想法。所以,只要和孩子在一起的时候,就什么都想做,即使是零碎时间也想着给孩子一点什么有意思的内容。

有一天,我在厨房准备晚饭,看到在客厅看电视的孩子们,心里很着急。我就把孩子们都叫出来。可能不是太有意思的节目,孩子们一听到叫声就都过来了。我时常很感谢孩子们觉得"跟妈妈玩儿最有意思"。孩子们并不知道在和妈妈的游戏中藏着学习。他们只是觉得妈妈是变着花样玩儿的大人。

"孩子们,我给你们5分钟时间,看看谁能写出最多的四字词语,怎么样?"孩子们高呼:"好啊!"然后,拿着笔和纸跑到自己房间里去了。我也高高兴兴地回到厨房,想着孩子们不用看无聊的电视,做起饭来格外起劲儿。好像有人在给我鼓掌一样。孩子们的年龄相差不大,从小又相处得好,像好朋友一样,玩儿起来正合适。

5分钟一到,我就像闹钟一样"叮铃铃"发出声音,看着孩子们写的,画着圈数数,结果,儿子赢了。看到儿子写的词语,我忍不住笑了,女儿撇撇嘴也无可奈何。女儿写的词语都是四字成语,相反,儿子写的却是四字词语。胜负欲特别强的女儿强烈主张弟弟违规,但是,我没有规定不准写合成词语,所以,这次竞赛儿子获胜。我看着儿子写的词语,想到他虽然使了点小聪明,但是,像我一样不为固定观念所束缚,能够灵活变通,这一点,我很高兴。

几天以后,我让孩子们写一个字的词语,这次还是儿子胜利。女儿写的都是很美的词语:"豆""土""水""火""雪""雨"。相反,儿子写的词,看起来能感到有臭味儿和奇怪的声音:"屎""血""毛""眼""鼻""口""饭""月""火""水""木""金""土""日"……我和女儿举双手双脚肯定儿子的胜利。

在找词汇游戏中惨败的女儿此后养成了留心身边

词汇的习惯。走着路就突然说道:"啊!那是4个字的,那是5个字的!"好像发现新大陆一样。他们也会自己练习把长词语缩略成短词语。"城东初等小学缩略成4个字的话?""城东初小。""缩略成3个字的话?""城东小。"两个孩子边走边说,把文字当成游戏素材了。我也很欣慰,跟着孩子们一起高兴。

我觉得,这样的教育就好像种下一粒种子,能收获很多的果实。

56　丈夫反对早期教育

　　孩子们小的时候，夏天学游泳，冬天学滑冰。时间不长，每次一个月，都在附近的游泳馆和儿童中心的滑冰场，孩子们很小的时候，都是姥姥带着去的。往返了几次以后，其实完全可以让孩子坐校车，但是姥姥不放心，一定要跟着一起去照顾孩子，在游泳池边，招手示意，到滑冰场帮着系鞋带，给孩子买零食，陪着孩子们。

　　有一年夏天，我整天忙于如何多挣钱，又把孩子托付给姥姥，有一天，妈妈问我："你有钱吗？有的话，给老二交钱让他专门学学游泳吧。"很突然地听妈妈这么说，我瞪大了眼睛。"一个月要30万（韩元，约合人民币1740元）呢，他才3岁，要让他学？"像我妈妈这样精打细算的人能花那么多钱让孩子学游泳，我不能不问理由。妈妈说，看老二游泳迟迟没有进步很着急，别的孩子都游得很好，心里太着急了，就想着让他单独报名学习了。

平时极其平和安静女人味儿十足的妈妈也有着只有我能体会的胜负欲。在教育我的时候，妈妈也从不张扬，悄悄地训练我：凌晨把熟睡的我叫醒，在院井里面打上水，让我洗脸，再听写生词，然后才送我上学，在乡下学校全校上下，可能我妈妈是独一无二的。"你培养孩子的底子还在，要传给外孙了呀。"我这样想着，在妈妈面前忍不住笑出声来。"妈妈，别管了，又不是想当游泳选手，游不好又怎么样？夏天怕他中暑，才给他送到游泳池让他玩儿水的，游不好没关系。不是想让他当游泳冠军，您就别操心了。有那钱，到市场买30个大西瓜吃多好啊。哈哈。"好像知道我早就会这么回答，妈妈不再让我给孩子报游泳班，但是，却跟我借我的游泳衣。然后，每到周六日就和老二一起到儿童中心游泳馆，将前一段时间偷学的游泳技巧作为基础，亲自教外孙游泳。

我打心底里被妈妈的热情和爱心感动，从那件事上得到了很大的教训。妈妈的热情是远离教育现场的人无法拥有的，只有在现场看到的人才有可能作出。

爸爸们经常不参与孩子的教育，而且，还隔了一点距离。所以，大部分爸爸不像妈妈那样很清楚地了解孩子的方方面面。还有因工作忙碌，没有多余的精力想孩子们真正需要什么，什么时候需要什么教育。所以，对于看到孩子的退步和不努力非常着急的妈妈，爸爸们反而会觉得是过分操心。

其实，家庭教育最理想的是夫妻商量以后，明确孩子的教育方向，关于教育两个人意见不统一的时候，夫妻中有一方全权负责，把握孩子的教育方向比较好。把孩子带上船，向着正确的方向行驶，这个船夫的位置应该由距离孩子教育较近的人来坐。

与丈夫商量关于孩子教育的问题，
总是会有矛盾冲突，该怎么办？

 对于子女教育来说，最佳的家庭环境是，夫妻意见相合，对待孩子的教育问题互相商量，将孩子引向正确的方向。但是，本应全心全意配合妈妈的爸爸，常常会成为最大的妨碍者。

在孩子教育问题上的矛盾，在我们家也总是调和不好，经常会吵吵闹闹。我要是买一些孩子教育上需要的物品，丈夫想都不想就会批评，而我又不接受那些批评。开始的时候，没有掌握要领，只想正面说服，所以，经常吵架，没过多久，我就想出不吵架也能达到我的目的的妙招。

丈夫不协助的话，妻子会感到很累。初中数学方程组应用题中有这样一题：以船在河面行驶一定距离时需要的时间为条件计算距离。船顺流行驶需要的时间和船逆流而上需要的时间也是条件。解决这个问题的方法是船行驶的方向和河流方向一致时船的速度和河流的速度要相加，如果船行驶的方向和河流行驶的方向相反，将两者相减即可。

看到这个问题，我想到了我的丈夫。我来把握方向教育孩子，他即使不给我鼓励和帮助，安静如水面就可以了，但是，丈夫却是那逆流的河水。我的船要行驶一米，也要和干扰者的速度相减。这样一来，我的速度就变慢了。如果速度慢的话，带着孩子的我的船有可能被拖垮，我只能更加卖力行驶。

丈夫不合作的时候，妻子的态度非常重要。例如，想要购买孩子教育类的图书的时候，丈夫反对的话，妻子大部分的时候有三种反应。第一种类型，爱讲道理、自我意识极强的妻子会跟丈夫理论。"我想好好教育孩子，你干涉什么呀！只有你挣钱吗？教育劳动的价值几何你知道吗？"这样会发展成大吵一架。也就是说从孩子教育问题开始的争论会发展成吵架。

第二种类型，顺从丈夫的意思，被丈夫的几句话说服，然后就取消买书的计划。如果说第一种类型的妻子的做法不聪明的话，第二种类型的妻子更有问题。

如果一定要比个孰优孰劣，那么就算拼了命也要将丈夫的反对推翻，引领孩子教育的第一种类型的妻子更值得推崇。第二种类型的妻子，因为放弃了对孩子的教育，日后会很辛苦。因为，不论是持有什么观点，不配合孩子教育的丈夫，绝对会在将来把孩子出现的问题全都推到妻子身上的。

我要提倡的是第三种类型，既不吵架，也不因为丈夫反对而推迟对孩子的教育，既能维持家庭的和睦，又能对孩子进行教育的方法。"我赚钱啦。有人突然在处理书，我用不到半价的价钱买了这本书。""我想把孩子教育成像爸爸那样聪明的孩子，买了几本书呢……为了省下钱买书我打算每天中午不吃饭了。""真搞不懂，我妈没钱还给咱们孩子买这么多书。"

买打折书，夸丈夫聪明，再和娘家妈演戏。虽然使了点小聪明，将来也都会得到谅解的。在面向小学四年级爸爸的问卷调查中，"爸爸感到最幸福的瞬间"一题的答案，排在第一位的就是孩子取得优秀成绩时。把孩子教育好了，将来给丈夫讲讲过去他没有配合的事情，让丈夫自惭形秽去吧。

船在水流的阻碍越弱的情况下向前行驶得越顺畅。不要忘了，在教育孩子之前将家庭氛围营造成平和幸福的样子是优质教育必须的前提。

一边工作一边照顾孩子,能把孩子教育好吗?

可能由于我也是在孩子很小就出去工作了,所以,一遇到像我这样的妈妈,我就会拉住人家问这问那。首先问的是,是不是一定要工作。在孩子身边给孩子读书,跟孩子一起玩儿是最好的,但是,没有钱买奶粉和纸尿裤,只陪在孩子身边算不上是好妈妈。如果在家庭条件上需要妈妈出去工作,我想劝告妈妈们,尽可能地做和教育有关联的工作或者时间上比较自由的工作。经济学术语中有"机会成本"这一词。这是指,做某件事就意味着,如果不做这件事就放弃了做这件事的价值了。孩子的教育价值太大,所以,找一个能兼顾的工作,最终结果会节省机会成本。

另外,我想对那些工作是为了自我发展的妈妈们说，等孩子10岁以后再说这样的话。孩子还不到10岁的时候，要给孩子这个小树苗松松土、浇浇水，确保他能笔直成长。这段时期妈妈能在孩子身边是最理想的。妈妈在家可以迎接从学校放学回家的孩子，监督他们完成作业，并一起玩耍。

如果执意要工作，那就要看下班后和孩子在一起的时候，能不能把为了工作而无法和孩子在一起的时间弥补上。如果因为工作太疲倦而没有精力照顾孩子，那么还不如在家。

我开始的时候是和公婆住在一起，分家后，娘家妈妈给了我不少帮助。正因为这样，我可以不依靠任何育儿机构，真是莫大的幸运。而即便在工作岗位上，我也认为对我来说最大的使命是做母亲。

虽然工作忙，但是，我和自己约定一定要坚持每天给孩子读一本童话书。忙了一天回家连衣服都来不及换，我就给快要进入睡梦中的孩子读书。等孩子睡着了，我才换衣服洗漱。如果因为工作忙没有给孩子读书，外出工作的时候，我的心里也一直会很不舒服。比起身体舒服心里累，身体累点儿心里舒坦更好。给孩子读了书的当天，我就在日历上画个圈圈，只有我自己知道这件事，月底的时候，数数自己实践了多少，并不断鞭策自己。

孩子小的时候，我找到一些辅导资料，每星期固定两次时间，像辅导老师一样用辅导资料和孩子一起做学习游戏。因为和孩子一起学习，所以，妈妈熟知学习内容，把所有生活当中的细节可以联系在学习上。假设学到"顺序"这一内容，在打开鞋柜的时候就可以复习一下了。"从上数第二排的右数第三双鞋是哪一个？"因为是看着辅导资料学习过的内容，所以，孩子很容易就能说出答案，和妈妈在一起学习的时间和游戏时间是一样的。

从孩子上小学开始，每天给孩子布置作业，下班回家以后就查看孩子是否完成。读书记录、记日记、做数学题、听英语磁带等就像身体必须的营养成分一样，把必要的科目挑选出来让孩子完成，每晚检查后在日历上贴上贴画。一个月以后根据贴画数量给予奖励，甜蜜地诱惑孩子。

很多妈妈认为，自己因为工作而无法和孩子整天待在一起，从孩子的教育角度来说是非常不利的，很是难过。这也是职场妈妈的苦恼之处。我也苦恼过、矛盾过。但是，不是跟孩子在一起的时间长就能好好教育孩子的。挤出时间，合理利用的话，即使边工作也能充分将孩子教育成聪明正直的好孩子。不要因为没有给予什么而不安，要规划好以后的实践。妈妈要引导孩子自己的事情能够自觉完成，这一点对职场妈妈来说是很有利的。

重要的是，为了弥补和孩子在一起的时间少的缺憾，而要更好地利用和孩子在一起的时间。世间的事情都相似，既没有有利到完美的一面，也没有极度不利的一面。只要自己努力，就可以充分克服对自己不利的环境，而合理利用。

把孩子放在乡下妈妈家里，这样好吗？

 有一位妈妈前来咨询，这位妈妈和丈夫一起做二手车买卖，生意基本已步入正轨，这次是来咨询子女教育问题的。他们的孩子是快要升入小学一年级的7岁小女孩。明年该上小学一年级了，孩子什么都不懂。说着说着，妈妈竟然哭了起来，并讲述了相关故事。

他们夫妇在乡下生下孩子以后就把孩子托付给婆婆，到首尔白手起家，努力赚钱。做着二手车生意，辛苦赚钱买了房子，店铺也在不错的位置上。孩子该上学了，就打算把孩子接到身边来。

但是这时才发现，孩子不仅不会识字和数学，连基本的学习基础都没有，这对夫妻不知如何下手。婆婆精心照看远离妈妈的孙女，养得白白胖胖的，没磕着碰着，但是，婆婆自己是文盲，连一本书都没给读过。那段时间真是考虑不周，耽误了孩子，现在后悔莫及。

其实，这位妈妈没有必要因为错过教育时机而担心。才刚7岁的小孩子，从现在起一切都还来得及。当然比起从出生起就用心教育的情况，学习效果可能慢一些，但是，只要以弥补孩子缺失部分为重点进行教育，努力用心，是完全有可能追回来的。

需要注意的是，着急的妈妈过分要求孩子，让孩子感到"学习是枯燥的"就不好了。这就需要妈妈多努力。不能着急不能强求，时常鼓励、表扬，使孩子有成就感。不要和别的孩子进行比较，孩子比昨天有一丝进步就要多表扬。

我在教孩子识字或者唱歌的时候，不知道反复多少次。然后，在孩子准确无误地能说出之前，绝不提问。当孩子说出正确答案的时候，就特别夸张地鼓掌说："哇，天啊，我闺女简直就是博士啊，太棒了，真棒！"

首先要自然地营造一种温馨的学习环境。教孩子识字固然重要，让孩子爱上阅读更重要，所以，用手指指着书的内容，给孩子读书，关于书的内容一起进行讨论，都是很好的。这样，孩子既能跟书交朋友，又能提高理解能力。

10岁前的孩子就像树木嫩嫩的叶子一样。如果妈妈用心弥补孩子缺失的部分，肯定能将孩子培养成聪明伶俐的孩子。

　　虽说给7岁孩子弥补过去几年中缺失的教育会很辛苦，但是，在妈妈至诚的努力下，孩子在入学前比起同龄人一定不会落后太多。只要有妈妈的关爱，教育没有不可能。母爱是最伟大的。

　　自从遇到那位母亲之后，我养成了一个习惯，每见到别的妈妈都会给他们一首诗。并嘱咐她们贴到冰箱门上，早晚读一遍。

如果我可以重新养育我的孩子

戴安娜·罗曼斯（Diane Loomans）

如果我可以重新养育我的孩子，
我要少对他指手画脚，
却多多抓着他的小手一起画画。
我要少去纠错，却多去沟通。
我要少盯着表看时间，
却多用我的眼睛看着他。
我再不要什么都想搞懂，
我要多懂得如何去关心他。

我要多与他远足旅行，
多与他同放风筝。
我再不要那么严肃地玩耍，
却要认真地同他一起玩。
我要与他多在田野奔跑，
多仰望星空。
我要多拥抱他，
少拖拽他。
我不要再经常严厉对他，
却要多多肯定他。
我要先帮助他建造自尊，
再在其上建造房屋。
我要少教他去喜爱权贵，
却要多教导他关于爱的力量。

求教一边赡养父母一边教育孩子的好方法

我在结婚后是与公婆住在一起的，在家务上需要花费很多时间。所以，和孩子在一起玩儿的时间总被挤掉，为此我感到很难过。我也想过，如果不和公婆住在一起，那我就偶尔可以在外吃晚饭，和孩子一起游玩，读书交流。不仅这样，为了教育孩子可以去社会实践，可以参观博物馆，每次都带公婆一起去实在不是一件容易的事。

但是，我认为最大的不孝是令老人孤单，所以，不带公婆，只带孩子外出，我又于心不忍。我们家不管去哪儿都是全家出动。精打细算的公公为了我们家人的吃吃喝喝，很喜欢到农贸市场采购，所以，我们周末的时候，全家只能到各大市场游玩，可乐市场、马场洞牛市场、城南的牡丹市场等。"这周末去榨香油去吧！"只要公公一发话，我脑海里就有"这周末要到博物馆参观"和"家人就要多在一起"这两种想法在斗争着。但是，结果往往是，全家人都向着市场出发。因为我觉得，比起学习要更重视家庭关系，对公公、婆婆的恭敬更有利于对孩子的教育。

儿童节也基本上没有去过首尔大公园。因为正值采野菜时节，我们全家人都跟随公公到江原道深山中采野菜去了。从老三出生以后每年的儿童节，全家老小7口人一起像春游一样带着吃的喝的就进山了。别人都涌入城市中的儿童公园，我们却离开城市向着山中去。

但是，我并不是单纯地跟着去的。因为跟孩子在一起的时间特别少，所以，我不想放过每个零碎时间，从来都不会空手出门。考虑到如果堵车的话，可以在车里玩儿猜童谣题目或者用英文说话等游戏，我每次都带上诗集和纸笔。去市场榨香油的时候，怕公婆和丈夫笑话，我都偷偷带上数学书，丈夫和公婆在等榨香油的时候，我在车里和老三做数学题。

有时候，想带孩子去看电影的时候，我还发挥了一下我的演技。公婆不喜欢去电影院，却也不会因我带孩子去看电影而唠叨，但是，只带孩子外出，我心里还是会不舒服。这种情况下，我总是以学校为借口。我皱着眉头说:"妈妈,最近学校留的作业太奇怪了。居然有看电影写观后感的作业。奇怪吧?"这时,婆婆就会说:"嗯,孩子最近是有这样的作业。你辛苦一下带孩子出去看看电影吧。"我就会快快地刷完碗,带孩子出去看电影。

我觉得和公婆一起住,对教育孩子还是有帮助的。爷爷奶奶对孩子悉心照顾,我就没有了后顾之忧,可以安心工作。另外,都说夫妻吵架对孩子特别不好,所以,我们夫妻想吵架也碍于长辈的面子,吵两句就和好了。还有,精打细算的公公持家弥补了儿媳妇的大大咧咧,养育儿女经验颇多的婆婆很好地补充了丈夫凡事理性为先的缺点。

童谣中,有这样的歌词:"世界如此光明是因为,世界充满歌声是因为,家家都有一颗太阳。"用血脉相连的家庭,都希望孩子正直成长。即使和起主要作用的妈妈意见不统一,但是,目的都是一致的。

孩子的教育是重要的,要以家庭的和睦和安定为基础。同时,因为过于重视孩子的教育而忽略了对家庭成员的关爱,也不是对孩子良好的教育。尊重家庭成员的意见,温柔地将其变成合作者很重要。妈妈为了孩子,有时要成为岩石,有时要成为被褥,将一切环境都包容进怀中。

我的孩子一晃都过了10岁了,错过的教育不能再重来吧?

没有绝对的教育的迟到。如果错过时机,可能会有难度,速度也缓慢,但是,没有不可能。只要,孩子自己下决心,任何时候都不晚。因为,好好学习的最重要的要素是学习者自身的"意志"。学习者处于怎样的环境,谁怎么教育学习者,这些都是次要的。为了恢复学习者的意志,首先是恢复自信心,这可以通过周围的"表扬和肯定"找回。利用的是这种心理作用:为了不辜负别人对自己的期待,就会自觉努力。被表扬的孩子会将"我能行"这样的自信感存在心里,周围没有强迫也能自觉学习。

老大因为非常自觉,所以,根本不需要报补习班;因为,有过剩的能量和灵活自如的时间利用,所以,在学校的上课过程中,眼神发亮,忠实地跟着老师的进度。上课听讲态度好，预习、复习情况也好，经常受表扬，孩子总是充满自信，自觉学习。

如果说孩子已经小学五年级了，还要从基础开始补习，找出小学三年级的课本来补习是非常错误的。在学校的课堂中无法听懂老师的授课内容，一味强调基础知识落后而补习低阶段的内容的话，相当于上课的时候将孩子的眼睛蒙住。

遇到这种情况应该将基础课程补习和学校课堂学习的预习并行进行。课前读读自学书籍或者教材，学习落后很多的话，就从网络视频授课中将即将要学的课程内容先了解一下，这样，课堂会变得有趣得多。当老师提问孩子预习过的内容的时候，孩子如果有机会回答，会增强不少自信心。平时，经常和孩子一起看看教材，配合学校教材进度找相关练习册一起做做也不错。

除了外界给予的自信以外，孩子在不知不觉中产生自信心，这时是最有成就感的，这将引导他进行自觉自主的学习。不管是小学五年级还是初中三年级，从明天学校要学的内容开始学习吧。如果孩子身上长出翅膀，他就可以自由地向着天空翱翔了。

后记　妈妈是蜜蜂般的老师

当我还是小学生的时候，语文教材中有一段作家的随笔让我怦然心动："当我高兴的时候我会忘记的人，当我悲伤孤独的时候会想起的人，他们一定是有恩于我的人。我也要成为对别人有恩的人。"读这些句子的时候，我就想，我也想成为某人孤独和疲倦的时候能够想起的那个人。

我希望我的妈妈因为有我这个女儿而幸福就好了。爸爸情绪低落的时候，我欢快地在爸爸周围，开心地笑，希望我的愉快情绪使爸爸恢复心情。我愿成为恭敬长辈、学习努力的学子，让老师们觉得教书育人是一件非常有价值的事情。对于弟弟们来说，我也希望他们因为有我这样的姐姐而幸福；对于朋友们来说，我也希望是这样。生了孩子做了母亲的时候也这样，我希望我的孩子因为有我这样的妈妈而幸福。想成为让人感到亲密的人的儿时梦想一直没有消失，存于心中。

在我结婚后不久，因为需要帮助娘家，我开始工作了。白天的时候，和孩子的妈妈们见面，解答问题，晚上给孩子们上补习班。接触很多孩子和妈妈之后发现，发现很多人在进行着错误的教育。身体好的时候不知道健康的重要性，当身体不舒服的时候才会后悔，教育也是如此。

我在补习班做讲师时候的一件事让我深深体会到，对毫无学习意愿、成绩在中等以下的孩子进行教育是多么困难的一件事。用力抓住已经放弃的孩子的手，不想松手，是要花很大力气的，非常吃力。一对一辅导的时候也一样。连三角形的基本性质和等边三角形是什么都不懂，想让他理解毕达哥拉斯定律简直是难上加难。收讲义费的时候，我心里很不是滋味。孩子的脑容量已经不能再接受我所讲的内容，我的讲课简直是对牛弹琴。

究其原因就是，孩子在此之前没有养成好的学习习惯。如果孩子的妈妈在10年前，用这笔钱给孩子创造良好的学习环境的话，绝对不会出现今天为补习班费用发愁的事情。

这件事让我产生一个愿望，这就是想成为一名子女教育讲师，专门讲10岁以前妈妈给孩子养成良好学习习惯和读书习惯是多么重要，以亲身体验给大家讲课，然后，告诉那些为补习班费用苦恼的妈妈们。愿望强烈就容易实现，从2007年开始我写书，进行全国巡回演讲。在这个过程中和年轻妈妈们一起哭一起笑，一起想起小时候的愿望。"当我悲伤孤独的时候会想起的人，一定是有恩于我的人。我也要成为对别人有恩的人。"

　　平和、光明的教育如蜂蜜般甜蜜。能将教育变得甜蜜的唯一的老师是这世界上最最爱孩子的妈妈。我的新的愿望就是成为这甜蜜的蜜蜂般老师的讲师，也就是成为，认为养育孩子太累或者苦恼于没有好办法的妈妈们的甜蜜的引导者。

　　想要说的话很多很多，还有很多没有说完、没有来得及说的话，都在此书中。又出了一本书，感到很幸福。这本书出版的时候，应该会和大家再一次面对面交谈。